●唐德剛（後立者）與李宗仁合影

●唐德剛（後立者）與胡適合影

●通古今之變、識中西之長、成一家之言的唐德剛教授近影

●秦始皇一手建立的郡縣制度，奠定了中國第一次大轉型的基礎。圖為秦始皇著冕服畫像。

●第二次大轉型猶如一條「歷史三峽」，過程驚濤駭浪，其後海闊天空。

●外禦列強、內說昏君
的傑出外交家李鴻章

●一九七二年二月，周恩來輕鬆解決尼克森的「握手問題」。

●四十歲以前的胡適是最有影響力的青年「啓蒙大師」。圖為民國十年任教北京大學時的胡適。

●四十歲以後的胡適是中華民族的「自由男神」。圖為民國四十五年寓居紐約時的胡適。

●中國近現代史的拓荒者郭廷以先生

●一九七五年，郭先生（左四）逝世前在紐約友人寓所留影。

●中國近代目錄學的先驅袁同禮先生

唐德剛作品集

民國通史

晚清導論篇

唐德剛作品集①

晚清七十年

·壹　中國社會文化轉型綜論·［全五冊］

作　　者——唐德剛
圖片提供——王麗玉
主　　編——游奇惠
責任編輯——陳穗錚
發 行 人——王榮文
出版發行——遠流出版事業股份有限公司
臺北市 104005 中山北路 1 段 11 號 13 樓
電話／ 2571-0297　傳真／ 2571-0197
郵撥／ 0189456-1
著作權顧問——蕭雄淋律師
1998 年 6 月 1 日　初版一刷
2024 年 1 月 1 日　初版三十二刷
售價新台幣 350 元（缺頁或破損的書，請寄回更換）

ISBN　957-32-3511-0　（第一冊）
ISBN　957-32-3510-2　（套號）
YLib 遠流博識網
http://www.ylib.com　　E-mail:ylib@ylib.com

自序：告別帝制五千年

這部拙作是作者在退休以後才執筆編寫的。作爲一個以歷史爲專業的教師，我個人自二十四歲開始在大學教授歷史以來，至此已四十餘年。在此將近半個世紀的教學生涯中，什九是在美國紐約的兩所大學裡度過去了。在哥大研究院專授兩門課，整整地教了七年。一門可說是包羅經史子集、詩詞歌賦的漢學概述；另一門則是包含中國近現代史的史料學。上課時往往是推著整書車「史料」進課室的。在紐約市立大學則前後教了近四十年。前二十年在市大各分校兼課；後二十年則在市大本部的市立學院作專任。其中十二年則兼亞洲學系的系主任，並負責設計和教授多種課目。在紐約市政府和聯邦政府所主辦的中學教師訓練班中，也曾担綱教授多種課目。總之，四十年中在紐約市大所設計和教授的課目幾近二十種之多。作爲一個「課目設計」(course proposal)的負責人，你縱不親自上課，但對教學內容也必須有其徹底的掌握。加以紐約市大的學生和家長們都來自世界各地，種族、宗教和政治背景皆萬般複雜。作爲一個歷史科目的教師，尤其是設計人，各方面可能發生的問題，都得面面顧到。日久在不知不覺中，竟會變成個無所不知，也沒一項知得太多的大雜家。荒時廢業，莫此爲甚。

但是筆者在這身不由己的教學環境中，卻勉力地作了一項堅持：在十多種無法擺脫的課目之中，我始終堅持中國近現代史一課必須親授；四十年未嘗或缺也。由於學生背景複雜，程度參差，因此對教學史料之篩選，也不得不隨時注意，每一學年的教材都按時下出版情況加以修正。因此四十年來，愚而不學，未能著作等身，卻講義連屋。回憶昔年在哥大，因職司圖書管理，對國史資料曾作有系統之累集與編纂。工作雖爲人作嫁，然身當其任，熟能生巧，乖材辟典，每可一索即得。友生時有諮詢，其數年不解之難題，往往可一語解紛。嗣在市大因該校無中文圖書設備，余嘗簽請紐約市府與市大當軸，擬由市立圖書館與市大圖書館合設一中文圖書館，一以方便市大教學，兼爲華裔社區服務。蓋市府有此經費，有此立法，而社區與學界亦皆有此需要也。爲此筆者曾與市府官員及市大當軸會議無數次，終以華裔社區支援太少，政府體認不足而流產，至堪嘆息。承乏一主要學府，以漢學爲重心之亞洲學系而無漢學收藏爲基礎，則雖爲巧婦亦難以爲炊。所幸筆者服務哥大有年，兩校近在咫尺，在研究資料上，尚可互通有無。至於日常有關漢學文史之教研，則筆者恆以一己之個人收藏爲系中師生之輔助。有關資料，片紙未敢廢也。積少成多，數十年來，茅廬竟成堆棧。

然處此高科技時代，汗牛充棟之史料收藏，究非一介寒儒所能勝任。敝帚自珍，終是滄海一粟。所幸久居紐約，集天下之至善與至惡於一城，若有所需，仍可一索即得也。年前自紐約市大退休之後，爲人作嫁之身，初獲自由，文化出版界友好不棄而有索稿者，亦可勉力應命。昔時課室講稿及平時塗鴉舊作，自校中運回地庫，仍堆如亂山，偶自整理，抽編應命，初不意有同好之讀者賢達與朋輩師友，竟頗有極嚴肅之鼓勵。承師友厚愛之餘，筆者本亦不敢自棄。究竟寄身象牙塔內數十年，縱係至愚，能無一得？因每於霜晨月夕，於數十箱舊稿中，略檢其尚可用者，編綴成篇，多半寄呈劉紹唐先生於《傳記文學》中酌量選用。隨意塗鴉付郵，數年來，竟至百餘萬言。日積月累，浸成巨帙，亦殊出所料也。筆者於六〇年代之初嘗與美國出版商麥克米藍公司訂約撰寫，總攬二十世紀中國之《民國全史》。英文稿成千餘頁（部分章節曾由李又寧教授主編之*Chinese Studies in History*季刊披露之，見一九八八年諸期）。嗣復承美國社會科學研究會(Social Science Research Council)慷慨資助擔綱主編*Annotated Bibliography of Republican China*（《詳注民國史資料彙編》），積稿亦數十箱，雖明知經費有限，非一人之力可竟全功，然愚公移山，古有明訓，知其不可而爲之，未嘗氣餒也。唯自哥大轉業之後，所承擔之新職，管理重於研究，一轉百轉，致前功盡棄，實非所願也。時格勢禁，乞食異邦，無如之何，思之可悲。如今退休之後，雖已漸感老邁，然琴劍猶存，棄之可惜，摩挲舊簡，終覺難安，老驥伏櫪，仍思賈起餘勇，終始其事而以本篇爲前導。天假以年，不敢自棄也。

電腦時代新史學的試探

在本篇中，筆者必須向賢明讀者特別交代的是，劉紹唐先生所編的《傳記文學》，並不是「學報」型的雜誌。筆者亦無心多寫學報文章。所謂學報文章是文體不嫌枯澀，而言必有據，本師胡適之先生所謂「有一分證據說一分話；有九分證據不能說十分話」是也。如山師訓，吾何敢違。只是覺得學術文章，不一定必須行文枯澀。言而有據，也不一定要句句加注，以自炫博學。美國文史學界因受自然科學治學方法之影響，社會科學之著述亦多詰屈聱牙，每難卒讀。治史者固不必如是也。筆者在作博士生時代，對此美國時尚即深具反感，然人微言輕，在洋科場中，作老童生又何敢造反？誰知如眞造反有理，實不愁造反無人也。在此行首舉義旗者，不意竟爲筆者在哥大所最崇拜的業師之一杰克斯巴松(Dean Jacques Barzun)也。巴氏曾任哥大教務長及文學院長多年，後以校聘講座教授(University Professor)退休。在筆者受業期間，巴氏即不時於授課中嚴厲批評時士所炫耀，以注腳(footnote)做學問之美國式繁瑣史學爲不當（巴氏爲法裔），六〇年代時更著而爲文於哥大校刊中痛論之。無奈積弊已深，縱碩學高名如巴松者亦不能移風易俗也。筆者嗣讀此邦師生之漢學論文，其中每有淺薄荒謬之作有難言者，然所列注疏箋證洋洋大觀焉。時爲之擲卷嘆息，嘆洋科舉中之流弊不下於中國之八股也，夫復何言?!不意近年來電腦之發展已至不可想像之程度，如今台北中央研究院已將二十五史與十三經等輸入網路；大陸上甚至已將四庫全書全部電腦化。筆者本人曾承台北南港中研院電子專家之輔導試檢二十五史及十三經諸典籍，按鈕索驥，所需史料簡直多至無可招架之程度。近月由華裔譚崇仁博士等專家為美國IBM所設計之「深藍」電腦與世界棋王科斯巴魯夫對弈，科氏敗下陣來，曾引起世界震驚。其實此事並無可驚之處。蓋深藍計算棋式之「秒速」為二億步，所藏棋譜在萬種以上，而且日新月異，永遠不斷地在改進之中，一人腦中智慧之累積，究有其極限。古人云以有涯隨無涯殆矣。棋王敗北，何足異哉？

再者照目前電腦科學發展之情勢度之，則下一世紀電腦之秒速將有十億字之檢索能力，直可把目前藏書鐵架長逾六十英里之美國國會圖書館，全部收藏集於一機之內，置諸衣袋之中而有餘，眞是成何體統?!讀者賢達批覽拙篇，或將疑我為撰寫科幻小說。朋友，非也，非也！此一幻想之成為事實，只是十年、二十年後之事耳。電腦革命如今已排山倒海，吾人身在此山中，不自覺之罷了。

現在言歸正傳。若談電腦革命對史學之影響，實在令人不忍卒言。筆者昔年每勸胡適之先生不應再搞他的《水經注》。原意是胡師今世之大思想家也，惡可因噎廢食，沉迷於考據訓詁之小道哉？然久有考據之「癖」的胡老師聽不進去也。孰知進入今日的電腦時代，考據訓詁眞已成爲工匠小技哉？適之先生二十年之功，今後如以電腦檢索之，數星期之事耳。浪費了胡適二十年的光陰，我們的民族智慧如何浪費得起？……事實上，縱在今代電腦出現之前，美國史學界對此以注腳相尙，氾濫成災的繁瑣史學之抗拒已甚囂塵上，論者以容忍一注可長至三百頁之當今美國的八股史學實爲荒謬。今後在電腦籠罩之下，那就更不足論矣。去年秋《紐約時報》對此一學術革命，曾有頗爲詳盡之報導。(見William H. Honan, "Footnotes Offering Fewer Insights: Scholars Desert an Old Tradition in a Search for Wider Appeal." *The New York Times*. EDUCATION. August 14, 1996. p.B9.)

有感若此，以故筆者試撰此篇時，既爲顧慮一般讀者對章句之不耐，同時爲試探電腦時代新史學應有之取向，乃不作教科書式之撰寫。一般史實之早成定案者，都以我國傳統史學中之「紀事本末體」及「大事年日誌」之方式於末卷中條列之。如此，則讀者可一目瞭然，毋須作者囉嗦也。而史實中之可議、可驚、可嘆之處則於正文中詳敘之，並試行減少學報氣味，庶幾一般讀者能讀而終卷也。名家之見足傳千古者，則博攬而廣收之；或有不足者，則以愚者之一得而塡補之。雖僅一得之愚，亦聊備一家之言，以待知音者之更多補充與佐證。至於一般注腳，除具有關鍵性者註明之外，一索可得者則省卻之。蓋專家檢索，初非難事，遣興讀者亦知作者之不妄言也。聊以拙篇爲新方向之實踐，縱不能致，然心嚮往之。至懇讀者隨時匡正之也。

三大階段，兩次轉型

抑有進者，筆者讀史、教史、著史數十年，勞者自歌，亦每以千慮一得，自作主張，對四千年國史之詮釋，一以貫之。斯即數十年來初未離口之拙論，所謂「三大階段，與兩次轉型」也。愚意自夏禹家天下以後有記錄可徵之國史，凡四千餘年（公元前二二〇〇～公元二〇〇〇年）。四千年中，如按我民族所特有之社會型態發展之程序（typological approach to societal development）而分析之，則四千年來我民族之社會政治型態之發展，蓋可綜合之爲三大階段，亦即封建、帝制與民治是也。從封建轉帝制，發生於商鞅與秦皇漢武之間，歷時約三百年。從帝制轉民治則發生於鴉片戰爭之後，吾儕及身而見之中國近現代史之階段也。筆者鄙見認爲此一轉型至少亦非二百年以上難見膚功也。換言之，我民族於近代中國所受之苦難，至少需至下一世紀之中期，方可略見鬆動。此不學所謂兩大轉型也。

今日尚主宰大陸史學界之馬克思主義歷史學派，根據馬克思主義之教條，則分國史爲五段，亦即原始公社、奴隸社會、封建社會、資本主義社會與社會主義社會（包括所謂「最後階段」之共產主義社會）是也。今因大陸上兩制之推行及蘇聯之解體，社會主義已成過街老鼠，鮮有衷心信服者矣。然不疑之處原亦有其可疑餘地也。縱觀近百餘年來之名家史學，馬派之社會發展階段論之科學性，原未可厚非也。只是日耳曼學人太武斷，每好以偏概全；而我國五四以後之啓蒙文人，崇洋過當，在學術轉型期中食洋不化，致將錯就錯。蓋人類社會之發展雖有其通性，然各大民族之社會發展亦各有其特性，二者交互影響乃形成各民族史之不同型態與不同階段也。在歐亞大陸上，我華夏民族社會發展之經驗足與白種民族〔包括閃米特族（Semitic Peoples）〕相頡頏。馬派史學所總結者，實爲白種民族之現象，持之以解釋我民族之發展，鑿枘就大不相投矣。榫頭卯眼大小不同而硬接之，就死人億萬了。思之可悲！

沒奴隸社會也沒資本主義

我國古代中有奴隸(slaves)，而無奴隸制(slavery)，筆者在不同的拙著內曾力證之，國際漢學界亦有公論。〔見《新版大英百科全書》(*The new Encyclopaedia Britannica in 30 volumes*)一九七七年版，第十六冊，頁八五八〕既無奴隸社會階段，則我國史上之封建制，實自原始公社(Primitive Commune)直接演變而來。其實馬派史學所謂之原始公社者，即初民之部落生活(tribal life)也。蓋初民生活原與猴馬牛羊等群居動物（尤其是猿猴一類）之社會行爲，頗有相似之處。群居動物，居不離群。初民生活亦必以部落爲單位，而部落生活必有其自然形成之酋長，有其長幼強弱之分歧，亦有其部落間之交往，及彼此間之競爭與鬥爭。甚至守土之習慣與夫疆界之劃分，亦爲與生俱生者。近年生物學家曾發現非洲之黑猩猩（chimpanzee），各群之間亦每爲爭奪疆土而發生群鬥，其情況竟如初民之間的部落戰爭。若輩雖無武器可用，然既抓且咬，爪牙並用，爲族群之保疆衛土，亦每至死傷枕藉，有時甚至闔族同殉，其慘烈亦不下於我國共相殘之內戰也。猿猴尚且如此，而況於人乎？以故初民社會之屬土習慣，及長幼強弱階層之自然形成，實即封建之雛型也。隨之，衆部落之間，強陵弱，衆暴寡，大吃小，尊御卑……千年演變與進化之結果，乃形成西周時代之高級封建王朝矣。曩昔余讀美洲紅人史，每驚其與我國三代史之酷似也。近讀十七世紀前後在美國維吉尼亞州建國之印第安「帝國」史，尤信封建制出於部落生活之非虛。蓋此邦盛時所擁疆土約爲台灣之一倍，其君主保哈坦(Powhatan)屬下有大小諸侯三十家。每家各有其大小不同之疆土；每家亦各擁有勇士自二十人至三百人不等也。他們君主與諸侯之間的權利義務亦均約定俗成，頗有可觀。保哈坦有女甚美，後來下嫁與英人，頗有賢名。閒讀此書，幾疑其爲《左傳》之英譯也。(見Helen C. Rountree, *The Powhatan Indians of Virginia: Their Traditional Culture.* University of Oklahoma Press, 1989. pp.114～125.)

關於封建社會之特徵，我們可以說有兩點最爲重要。其一則爲土地屬於天子或諸侯，大貴族可以把土地「封」與小貴族，但不得買賣，百姓黎民更不得私有。其二則是居統治階層的貴族實行世襲制，黎民百姓除卻裙帶關係或結幫造反之外，絕不能進入統治階層。這一東方式的封建制度發展至公元前八世紀的西周之末，可說已登峰造極。唯物極必反，迨平王東遷（公元前七七一年）之後，它就開始滑坡以至崩潰了。能把這一從滑坡、崩潰到改制的經過，說得最簡單明瞭的古代記述，實莫過於《漢書・地理志》裡的一段記載。且抄錄如下：

> 周爵五等，而土三等：公、侯百里；伯七十里；子、男五十里。不滿爲附庸，蓋千八百國。而太昊、黃帝之後，唐、虞侯伯猶存，帝王圖籍相踵而可知。周室既衰，禮樂征伐自諸侯出，轉相吞滅，數百年間，列國耗盡。至春秋時，尚有數十國，五伯迭興，總其盟會。陵夷至於戰國，天下分而爲七，合從連衡，經數十年。秦遂并兼四海，以周制微弱，終爲諸侯所喪，故不立尺土之封，分天下爲郡縣，蕩滅前聖之苗裔，靡有子遺者矣。（見中華書局版《漢書・地理志》，第六册，頁一五四二。）

《漢書》中這節記載，歷史家要在雞蛋裡找骨頭，那也是找不盡的。可是作者敘述的封建崩潰的程序，那大體是言之成理的。可是郡縣制之出現卻非一朝一夕之功，它是經過數百年慢慢轉變出來的。大體說來封建崩潰之開始是，諸侯用各種方法兼併來的土地，不再「封」與他人，而是暫時「懸而不決」或「懸而不封」。這就是「縣」的起源了。在古文裡，「縣」、「懸」本是一字，讀音亦相同。不像後世讀成縣去（聲），懸平（聲）也。縣而不封，縣而不決，本是個臨時的辦法。後來永遠「縣（懸）而不封」，縣就變成個政治制度了。

把郡縣或州縣的「縣」解釋成「懸」字，段玉裁（一七三五～一八一五）在他的名著《說文解字注》中也說是「縣者縣（懸）也」；不過他接著說是「縣（懸）於郡也」，那就說錯了。（見該書萬有文庫版第三冊三十四頁）筆者青年期在重慶國立中央大學歷史系就讀時，隨顧頡剛師治商周史便曾指出段氏之誤釋，認爲是「縣者懸也。懸而未決或懸而未封」，而非「縣於郡者也」。撰成〈我國郡縣起源考〉之期終作業，嗣並收爲「畢業論文」之前篇，頗承業師過獎。如今半個世紀過去了，益覺青年期判斷之非謬。蓋封建王朝末期對封地「懸而不封」，古日本及若干印歐民族國家亦有之，只是其結果不若中國竟發展成獨特的郡縣文官制(civil service)之重要而已。

郡縣制之興起與發展實爲我國社會政治(sociopolitical)第一次大轉型之關鍵所在。一轉百轉，迨始皇統一中國，「廢封建，立郡縣」，由封建制轉入郡縣制，全國人民生活方式(lifeways)便無一不轉。「廢井田，開阡陌」亦是必然之事。所謂「廢井田，開阡陌」者，即是開放國有或公有土地任人民私自耕種，以增加生產也。筆者撰拙篇於抗戰中期，初不知歷史會重演，其後竟有廢人民公社，搞包產到戶等之現代化的「廢井田，開阡陌」也。以故筆者不揣淺薄，亦將五十餘年前之青年期舊作收入本編，以就教於方家也。

回憶五〇年代中期，筆者在哥倫比亞大學半工半讀之時，曾在該校之「中國歷史研究部」作編譯。斯時學部主持人魏復古(Karl A. Wittfogel, 1896～1988)教授之巨著《東方專制論》(*Oriental Despotism: A Comparative Study of Total Power*)，正在殺青階段（此書於一九五七年由耶魯大學出版，近年曾由北京中國社會科學院譯成漢文出版），魏氏囑余校訂全稿並箋注拙見。不才曾嘆其功力驚人，而其結論則因果倒置。蓋魏氏修正馬克思未竟之學說，所謂「亞洲式生產方式」（Asiatic Mode of Production），並創立其一己之理論，認爲「亞洲式社會」實爲一種「水利社會」（hydraulic society）。國家爲提高農業生產而興修規模宏大之水利工程，乃導致亞洲國家（特別是中國）逐漸建立起極權專制之國家機器來。其語甚辯，而鄙意則適得其反。蓋我國國家機器之完成，實在始皇帝「廢封建，立郡縣」，建立「職業官僚體制」（professional bureaucracy)之後也。我國政治制度之發展，實是郡縣制的國家機器建立於先，而大規模之工程（如都江堰、長城及運河等等）則建設於後也。建立都江堰這樣大規模水利工程的李冰，便是秦王國的「蜀郡太守」（今日大陸上叫做「四川省委書記」）。李冰若不是利用他省委書記的權力，他的都江堰工程（約同於今日李鵬主持的三峽水壩工程），是無法施工的。以故筆者數十年來所篤信之我國「國家強於社會」之傳統（始自郡縣文官制之出現），爲我國政治制度之最大的特點之拙見，與魏氏之說，表面上似頗爲接近，而本質上固有其本末先後之異也。

百代猶行秦法政

這一記從秦國開始的我國史上的第一次社會政治大轉型(sociopolitical transformation)，發自商鞅（公元前三九〇～前三三八年），極盛於始皇（統一中國於公元前二二一年），而完成於漢武(公元前一四〇～前八七年在位）。漢初諸呂亂後，非劉不王，曾一度郡國並存，搞一國兩制。迨吳楚等七國亂後（公元前一五四年），封建之「

國」名存實亡，秦始皇「廢封建，立郡縣」之政制轉型始正式落幕，至今未變。其他相關的轉變，如重農輕商的經濟制度、獨崇儒術的職業官僚制、士農工商的階級劃分、婚喪禮俗的日常生活等等，一轉百轉走向定型。尤其是中央集權的三級文官制，自秦漢以後，晉、隋、唐、宋、元、明、清，甚至民國時期之北京政府及國民政府，均不斷加強之。迨人民政府成立之後，毛氏當國對此一中央集權的三級文官制之傳統，可說更是情有獨鍾。在他與郭沫若往來的詩詞中，便頗能聞其心聲。今且抄他一首七律全文如下：

〈封建論〉——呈郭老

勸君少罵秦始皇，焚阬事業要商量。
神龍雖死秦猶在，孔學名高實秕糠。
百代猶行秦法政，〈十批〉不是好文章。
熟讀唐人〈封建論〉，莫從子厚返文王。

此詩作於何年，論者不一。但在九一三事變之後，毛爲四人幫批林批孔助陣時，重提此詩，可知其念念不忘也。總之毛氏對馬列主義之瞭解，自始至終未脫離標語階段，而對傳統帝制之認識，則深入骨髓。毛之不幸是他把兩個極端的理論都誤用了。在重溫傳統帝王政治學時，他體會不了我國傳統裡「有教無類」、「改土歸流」等等歷史經驗的重要性，強不知以爲知，自以爲是的亂引馬列教條，創造新制度。上節曾說過周初有一千八百國，包含著無數的大小民族（時至今日全國仍有五十七族之多）。所以我國歷史的經驗是，族群不是由少變多，而是滾雪球式的從多變少，形成一種多文化的大民族(racial regrouping under cultural pluralism)。這在現代美國的經驗裡，便叫做民族大熔爐(racial melting pot)。加以在今日交通發達，社會流動性(social mobility)極高的時代，一國之內的少數民族怎能永遠聚居於一地呢？……就以我華裔移民美國來說吧，近年來我華裔人數已逾百萬，很快便會超過外蒙和西藏的總人口。今日在美國的所謂中國城(Chinatown，舊名唐人街），在紐約便有三座之多。我們的政治出路實在只有落地生根和就地參政之一途。今日我們已出了一個州長，誰能說我們下一世紀不能出個總統呢？我華裔如捨此康莊大道而不由，要來搞個「中國城獨立」或「中國城自治」，豈非二十一世紀一大笑話哉？大美帝國海闊天空，要我們擠在Chinatown內搞「獨立」，不特我華裔有爲子孫所不願爲，青年期曾在Chinatown做打工仔的老朽如愚亦不幹也。其理甚明嘛！華裔之外，如人逾千萬之非裔、人逾六百萬之猶裔、人逾二百萬之波裔，他們不搞獨立，正有同病之憐也。所以美國能從十三州發展至五十州者，實我中華千年以來所搞的「改土歸流」之美洲翻版也。朋友，現在台灣和菲律賓還有很多人，想參加美國的改土歸流，做美國的五十一州呢！改土歸流有何不好？

民國初年的孫中山先生畢竟是個有世界眼光的政治家。他做臨時大總統時，就反對所謂五族共和這套謬論。他主張採取美國式的民族大熔爐的哲學，而擴建一個包羅所有民族和多種文化的中華民族（見《三民主義》文言文原稿，收在台灣版《國父全集》，頁一八〇～一八一）。其實在大清帝國時代，朝廷改滿洲和新疆為省；民國時代改內蒙為省，當政者所採取的也正是這個大熔爐的哲學。不幸到人民政府時代，毛公因受蘇聯制度之影響就一反其道了。他把倒退誤為進步，廢流反土，把原已建省的新疆、內蒙、廣西、雲南又全部化為少數民族的自治區，而又只許少數民族在中央集權之下，享受點象徵性的自治，這樣就間接鼓勵了少數民族中的分裂主義者和國際間的反華分子，或明或暗地搞其分裂活動了。這種偽君子不如眞小人的制度，後來也就遺患無窮了。今日新疆的亂源即在此。

〔附注〕 在早版《毛選》中，毛澤東曾主張少數民族有權獨立，後版中他們就只能「自治」了。毛自己的思想反反覆覆，便十足表示他對此問題沒有原則性的掌握，隨意搞其黑貓白貓，而墮入中國歷史上原先並沒有的大漢族主義的框框，實在是很冤枉，也是很可笑的。

在類似的情況下，毛澤東對現代的民治主義和社會主義，也認識不夠。因此在現代西方文明挑戰(challenge)之下，「百代猶行」的「秦法政」已不能再延續，但他老人家卻偏要沾沾自喜的延續下去，其不出紕漏也，豈可得乎？朋友，我們的毛主席在中國近代轉型史（我國歷史上的第二次大轉型）中，原只是個轉型中期的民族領袖。他個人的個性、見識、修養、訓練和時代，都只能鑄造他做個轉型高潮中的秦始皇，而不能做個完成轉型的漢武帝。這就叫做形勢比人強。毛澤東自視爲天生聖哲，其實他和讀者賢達以及在下的我一樣，也只是個渺小的脊椎動物，並不能扭轉他們唯物主義者曲不離口的所謂「客觀實在」啊！他是時勢所造的英雄；但是他這個蓋世英雄卻未能創造時勢。夫復何言？

我們及身而見的第二次大轉型，與第一次大轉型頗有不同之處。第一次轉型時，由於我們內部的社會發展至某一階段，促使我們社會政治結構非轉型不可，那是主動的。第二次轉型就不然了，它幾乎是完全出於西人東來之後，對我們著著相逼的挑戰——尤其是軍事挑戰。這一挑戰揭開了近代中國國恥國難和社會政治大轉型的序幕，於是有那個可恥的鴉片戰爭（一八三九～一八四二）和隨它接踵而來的〈中英南京條約〉（一八四二年八月二十九日簽訂）……鴉片戰爭之可恥是雙方都有份的。勝者的可恥，是他武裝販毒，竟不以為恥。敗者的可恥，是他顢頇腐化，政府無能，人民愚昧，偌大的帝國竟被數千個英國水兵打得一敗塗地。

戰前千年不變，戰後十年一變

鴉片戰爭在我國歷史上的重要性，長話短說，便是它推動了上述從帝制階段向民治階段的轉型。在這兩大階段之間，它是個分水嶺。戰前我國的社會政治制度（毛澤東所說的秦法政）是千年未變的；戰後的中國那就十年一變了，甚至變得面目全非。這一轉變過程雖萬般複雜，但是事後回頭看去，卻又階段分明。在各階段中，身當其衝的革命家、變法家、觀察家乃至一般智者與黎民百姓，均不知其所以然也。其原因便是「身在此山中」，無法識其端倪也。但也有少數智者（像洪秀全、康有爲、毛澤東等人）往往自以爲是，一朝在其位，得其勢，難免就強人從己而貽誤蒼生了。

早期的歷史家，雖也不時回頭看去，試作過歷史分析。無奈這次轉型，如果最後能轉出個長治久安的定型來，根據中西歷史中的前例，它至少需時兩百年才可能有個初步的結果。因此在轉型的初期和中期，如一八九八年的戊戌變法時期，和一九一九年的五四運動時期，分析家對中國前途的變數，實無法掌握。蓋前途歧路太多，歧路亡羊，安知羊之所之也？可是日月推移，歧路漸少，羊在何路不難追踪，中國前途的遠景何似也就隱約可見了。俗語說：「女大十八變。」小女孩才變了三、五變，您怎能看出她的變形呢？可是等到她姑娘已變了十五變之後，將來她會成爲怎樣的一位夫人，我們也就不難預見了。這只是個時間的問題；非後之來者勝於前賢也。

根據筆者大膽的觀察，我國史上第二次社會政治大轉型，實在是從割讓香港之後才被迫開始的。如今香港收回了，一百五十年的苦難歲月也悄悄地溜過去了。從林則徐到今天，我民族至少也傳了五代了。古語說：「五世其昌。」當年的道光皇帝也曾經說過

：「久屈必有大伸，理固然也。」（見《夷務始末》道光給林則徐上諭）今日香港回歸，國難結束，可能也是我國史上第二次社會大轉型完成的開始。筆者不揣淺薄，回顧前瞻，預期我民族再有四十年，應可完成國史上第二次社會政治大轉型之偉大的歷史任務。國有定型，民有共識，以我國我民、我才我智之最大潛力，走入人類歷史上民治主義的新時代，開我民族史今後五百年之新運。九合諸侯，一匡天下，捨我其誰？筆者畢生治史，歷經國難國恥，艱苦備嘗，守到天明覺夜長，終能初睹曙光，亦爲之興奮不已。謹以這部小書，野人獻曝，追隨讀者之後，略表個人對香港回歸之慶賀，至懇方家賢達，不吝教之。

本篇之能付梓，實有賴於劉紹唐、陳宏正兩先生不斷的指導，以及無數老友和讀者熱情的鼓勵有以致之，衷心銘感，匪言可宣。遠流出版公司董事長王榮文兄以下諸多執事之大力協助，感激之情尤難盡述，並此致謝。

一九九七年六月四日謹序於北美洲

目錄

【肆】義和團與八國聯軍

【伍】袁世凱、孫文與辛亥革命

晚清七十年

壹

中國社會文化轉型綜論

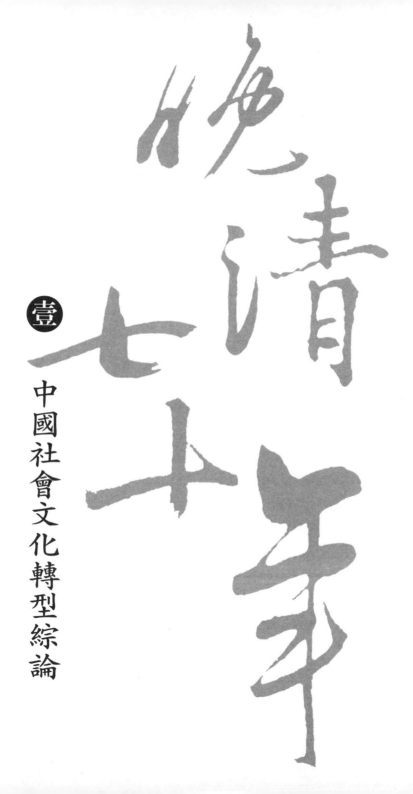

一、中國現代化運動的各階段

本篇原爲筆者在五〇年代末期所寫的英文講義，後經胡適之先生之鼓勵，用中文改寫，原擬送給台灣之《自由中國》發表。後因該刊迭遭困難，我們乃在海外另行籌辦一個新的中文月刊，叫《海外論壇》，在紐約編輯，香港發行。此篇乃改由《海外論壇》於一九六〇年出版的第一、二號連載刊出之。本稿之初撰，距今雖已四十年，滄桑幾變，然今日重讀之，個人思想仍前後如一，而文中所言，與四十年來的歷史發展，似亦無太大的牴觸。故重刊於此以就正於高明。全篇除增加一句和略改

三、五個不必要的形容字之外，悉任其舊。文中所引孫中山先生的話，在《海外論壇》所載的原文中，未註明出處。今篇則增註之，以便嚴肅讀者之查對也。（作者補誌於一九九八年春節）

我國近百年來所發生的「革命」、「維新」、「變法」、「改革」或「改良」等形形式式的運動，眞是屈指難數。這些運動之發生大體說來多發乎仁人志士救國救民的願望。爲貫徹這些由願望而發生的運動，已不知有多少先賢先烈爲之而抛頭顱灑熱血。然時至今日這些「運動」仍然方興未艾，吾人試一翻閱中國近代史，一眼看去，眞覺這是一筆令人難解的爛帳。

不過我們今日如回頭仔細分析過去百年的史蹟，則又覺這筆爛帳之中似頗有線索可循。吾人如試把「同治中興」、「戊戌變法」、「辛亥革命」、「五四運動」、「北伐」、「抗戰」乃至中共的席捲大陸，與夫今日正在滋長中的「民主自由」運動等等連成一氣，作一個有系統的分析，我們便發現這些重要史蹟不是單獨發生的。相反的，它們是一個接著一個的發生，層次分明的連在一起形成一個總運動。而上述諸運動只不過是這一「總運動」的各階段。一言以蔽之，這一個「總運動」便是中國的「現代化運動」——也就是近代中國的政治、社會文化的「轉型運動」❶。

世界性的現代化運動

須知此一「現代化運動」並非我國特有的現象，它是世界性的。簡言之，便是十九世紀初，西歐工業革命之後，西方文化隨其商業和武力向外發展，引起世界其他文化內部一種改革性的反應。借用湯恩比教授(Arnold J. Toynbee)歷史哲學上的名詞，那就是文化之間的「挑戰和反應」(challenge-and-response)的現象。

但是西方文化這種「挑戰」，在各民族文化中所引起的「反應」卻各有不同。例如宗教一項，現在對中東、印度、非洲等民族文化仍具有極大的挑戰性。但在我國則已經變成我們向西方文化反挑戰的最好課題。要言之，由於各民族文化本質之不同，它對現代化運動的反應之內容與特性亦各異其趣。

我國現代化的內容與特性

現代化運動反應在我國的內容與特性，又是些什麼呢？筆者不揣淺薄，試歸納之爲六大項目如後：

一、獨立的「民族國家」(nation-state)的國家形式。此種國家形式是顯然和我國固有的「民無二王」的世界性國家形式(universal state)迥然有別。❷

二、工業化和社會化的國民經濟。我國固有的是農業的國民經濟，和不平均的財富分配制度。

三、合乎人類理性，合乎科學，並能適應工業化社會的道德標準和社會制度。我國舊道德和舊的社會制度，凡不能與此三點配合的（例如：「三綱」、盲婚、守節、宗族制度等）均在現代化運動過程中逐漸被揚棄。

四、專精的自然科學與社會科學之研究。

五、教育及其工具之普及。

六、民主政治。亦即是一種足以保障基本人權，採用多數決定和法治的原則，用選舉方式產生的政治制度。

舉此六點，我們不是說我國古代學術思想中沒有這方面的學說。相反的，這六項概念都可在我國文化遺產中找到根據。但是那些根據只是少數學者的理想。它沒有成爲我們的立國基礎。沒有形成被群衆接受，蔚成一時風氣，而爲「舉國和之」的運動。

我們更不是說所謂「西方文明」中已完成這六大項。我們是說在他們的文明中，這六項已成爲主題，其整個文化的趨勢是向這一方向發展的。而我國自同治中興之後，在西方文化挑戰之下，也是亦步亦趨向這一方向發展的。不過我們這一發展的原動力則是由西方文化的「挑戰」所產生的罷了。

階段性和「一次革命」論

正因爲我們的「現代化運動」是在西方文化挑戰之下發生的，我們「應戰」的過程便十分艱苦。因爲要現代化，我們不特要「佈新」，我們還要「除舊」。對這項除舊佈新工作的辛酸，知之最深者，實是孫中山先生。所以他說：「革命事業，莫難於破壞，莫易於建設。」反觀我國近百年來現代化運動的史實，和各種形形色色的運動，無一而非這項「除舊佈新」工作之中，「破壞」和「建設」所引起的。由於這些運動性質之不同，它們也標誌出我國現代化運動中顯明的「階段性」。

試讀我國當代各大思想家和革命導師們的言論。我們便知道他們多數是只看中了這一「現代化運動」整體之中某幾個階段，或某幾項課題，因而只注意某幾項工作，而忽略其他各項。如早期搞「夷務」或「洋務」的人，他們只看中了「師夷之長技以制夷」的船砲政策。

但是後來亦有少數「先知先覺」，看準了今世現代化的潮流而主張我國政治、經濟、社會、文化等通盤的現代化。不過這些人，多爲「一次革命」論者，他們主張把這「現代化」的百年大計「畢其功於一役」！

孫中山「心灰而意冷矣」

孫中山先生便是這樣的一位。辛亥革命之後，他老人家便立了一個九年計畫的「革命方略」。他說要照他的「方略」做下去，九年之內中國便變爲一個通盤現代化的新興的國家。誰知對他這方略首先不贊同的不是別人，正是他那群萬死不辭的信徒，同盟會的「老同志」。因此中山先生喟然嘆曰：

……乃於民國建元之初，予則極力主張施行革命方略，以達革命建設之目的，實行三民主義；而吾黨之士多期期以爲不可。經予曉喻再三，辯論再四，卒無成效。莫不謂予之理想太高，知之非艱，行之維艱也。嗚呼！是豈予之理想太高哉？毋乃當時黨人之知識太低耶？予於是乎不禁爲之心灰意冷矣！❸

何以那批老同志在爲山九仞之時，對革命導師忽然不信任了呢？歷史家感到迷惑了。胡適之說：「民國初年，民黨不信任他（指中山）的計畫的事，很有研究的價值。」其實這也不是什麼費解的事。從一個角度來看，黨員不信任黨魁，固然是黨員「知識太低」；然從另一個角度來看，又何嘗不是黨魁沒有把握住時代而脫離了群衆？對現代知識有高度認識，爲革命而出生入死的「黨員」們知識尚且太低，則「區區庶民」又何能追隨景從呢？

不能落伍，也不可躐等

中山先生所領導的辛亥革命，實是世界史上最偉大的革命之一。但是領導這偉大的革命的國民黨人及其導師到臨死時還要說「革命尚未成功」！自有其黨派成見的共產黨人則根本否定「辛亥革命」之為「革命」。他們之所以如此者，便因為他們都是一次革命論者。把中國歷史看成汽車。他們要把這汽車按他們預定的路線，開往他們所預定的目的地。換言之，他們都希望把一個有三千年文化根基和特殊生活方式的老大民族，於極短期中變成他們所指定的新的文化和新的國家形式。

但是中國近百年史告訴我們，他們的願望都落空了。這個古老的文化是在變，並向現代化的方向亦步亦趨的在變。但它卻沒有聽從任何人或神的指示去「搖身一變」。相反的，它是在一個階段一個階段的變。任何力量不能阻止它向前變動，任何力量也不能「揠苗助長」強迫它跳躍前進。換言之，在中國近百年的現代化運動中浮沉的任何個人或團體，不能落伍，但是也不可躐等。民國六年，隨張辮帥到北京搞復辟運動的康有為，便「落伍」了。落伍到連他最忠實的學生梁啓超都要罵他「厚顏」。中山先生在辛亥之前便想搞「平均地權」，那便是他老人家「躐等」了。躐等到連「同盟會老同志」也罵他「大砲」。

各階段及其主題

落伍之可悲，固無論矣。勇往直前的跳躍前進何以亦發生反效果呢？史實告訴我們，中國的現代化運動，是分階段完成的。而各階段有各階段的主題和若干副題。主題便是各該階段的「當務之急」。而副題（可能是次一階段的主題）在現階段則往往是「不急之務」。而完成這主題與副題的方法則可能是牴觸的。

因此，集中全力完成主題，可能增加解決副題時的困難。但是忘卻主題而側重副題的，則往往為該階段所唾棄。古人說：「君子務本，本立而道生。」又說：「知所先後，則近道矣。」如果忘卻主題而側重副題，則是「本末倒置」，「不知先後」。

所以中國近代史上，在各階段中，凡是從事解決「當務之急」的主題的社會力量，往往是前進的、成功的。同時凡是不知先後，側重副題，搞不急之務的，則未有不失敗的。這種搞不急之務的社會力量，在此階段必然有害！

但是如果中國現代化運動進入次一階段，則主題與副題，俱同時變動。以前的副題可能變成主題。前一階段的進步的社會力量，如不能隨主題之變動而進步，則這一力量必然變成阻礙中國現代化的力量。

這種反覆變動與社會力量之興遞，在中國近代史上昭然若揭。請申其說。

洋務和變法

今日吾人追溯我國現代化運動的史實，從「同治中興」到現階段的「民主自由運動」，我們如按各運動的性質來分，大體可以分爲四大階段及若干小階段。❹

從同治元年（一八六一）總理衙門成立之日起至光緒二十一年（一八九五）〈馬關條約〉之簽訂，可算我國現代化運動之第一階段。這一階段中的主題是「洋務」。因爲我國經過鴉片戰爭及英法聯軍失敗之教訓，國人才開始認識西方文化表現在堅船利砲上的實用科學。因此自恭親王而下，有識之士，競談「洋務」。這樣才有同光之際的新式南北洋海軍及各種路礦機器船政的建設。不管當時守舊派是如何的反對，這一時期的「洋務」建設是有相當成就的。其後張之洞在其所著《勸學篇》中所說「中國學術精微，綱常名教，以及經世大法，無不畢具，但取西人製造之長，補我不逮，足矣」的一套理論，事實上便是這一時期「洋務」運動的「哲學基礎」。張氏言大衆之所欲言，所以他的「中學爲體，西學爲用」的論調，亦是風靡一時的新學說。也是當時守舊派所誓死反對到底的「以夷變夏」的「謬論」。

但是中日戰後，中學爲體、西學爲用之說遂逐漸被揚棄。國人進一步而談「變法」。須知談變法的人並沒有否認西學之可以爲「用」。國人至此已服服貼貼地接受了西方的實用科學，而進一步談西方式的「變法改制」了。因此，政治性的變法改制便是乙未至辛亥這一階段我國現代化運動的主題！

康有爲主張「君主立憲」；孫中山主張「建立民國」。他二人雖有緩進激進之不同，其變法改制的基本態度則是一致的。由於清廷的顢頇昏聵，助成了激進派的成功，而完成了中國現代化運動中的第二階段。

康孫兩氏除主張政治性的變法改制之外，都看到了其他方面——社會、文化、教育、經濟等之徹底改革。康氏另著有《大同書》；孫氏亦著有《三民主義》。但是這些方面的改革在當時均是「副題」，不是當務之急，因而引不起群衆的反應。如同盟會誓辭

「驅除韃虜，恢復中華，建立民國，平均地權」中之最後四字，便爲黨內人士駁難最多之處。國內同盟會支部，有的竟乾脆把這四個字删除。這種删除絕不是如共產黨史家所說，爲的是「保存資產階級本身的利益」。主要的原因是這一條不是「當務之急」。它的重要性被那時的「主題」所掩蔽，引不起所謂「革命群衆」的反應。

戴季陶說：「至於從革命的思想和知識上說，許多前時代的黨員，也實在固陋得可怕。從前總理在時，每次定了一個前進的方針，大家總是把它拚命向後拶！」這就是因爲「前進的方針」在「前一時代」是引不起群衆反應的。

「莫難於破壞」的「五四運動」

但是時代是前進的。「前進的方針」到後一時代，群衆的反應就不同了。民國成立了八九年，國人對西方文化挑戰的瞭解又進了一步。他們感覺到只是政治性的變法改制，仍不足以建立出一個新型的國家。因而繼續要求政治、經濟、社會、文化等等的總改革。這項要求遂把中國現代化運動推入第三階段而爆發了「五四」前後的所謂「新文化運動」。

「新文化運動」的領袖們當時最精闢的一句口號便是：「以科學的批判的態度，重新估定一切價值。」果然在「科學的批判的態度」之前，兩千年來獨家經理的「孔家店」內許多（我們沒有說「全部」）陳貨都變成無價值的廢料了。此外如釋迦牟尼、朱熹、王陽明，乃至晚近入口的耶穌等的「一切價值」都成了問題。

舊有的束縛一旦掉去，中華民族的思想突然得到了空前未有的大解放。所以「五四」時代的「新文化運動」，實如孫中山所說的「革命事業，莫難於破壞」的「破壞運動」。事實上，它除在文學改良上另有輝煌成就之外，其他方面的收穫亦只此而已。「五四」的大師們，掌握了「科學的批判的態度」這一項武器，把舊的東西，摧枯拉朽的毀掉了。但在這破壞的廢墟上，他們建設了些什麼呢？

他們的確曾提出「科學」和「民主」兩個建設性的口號。但是什麼是科學，什麼又是民主呢？不但當時搖旗吶喊的孩子們莫知所云，當時的領袖們也沒有說出一套完整的學說以替代他們所毀掉的東西。因此「五四運動」之「立刻後果」便是思想界空前未有的「無政府狀態」！

再者，「五四」所破壞的只是舊思想。而舊思想所產生的舊的社會體系，卻屹立未動。因此爲竟「五四」的破壞未竟之功，爲重行畫出今後建設的藍圖，各項「主義」就紛紛而起了。

「拿一個主義做標準」

且看孫中山先生的說法。民國十二年十二月二日，孫中山先生在打走陳烱明、沈鴻英等軍閥之後，在廣州歡宴各有功革命將領時，發表一篇演說。中山說：

> 民國成立到今日已經十二年了。這十二年中沒有一天沒有變亂。這個變亂不已的原因在什麼地方呢？簡單的說就是新舊潮流的衝突……舊思想是妨礙進步；總是束縛人群的。我們要求人群自由，打破進步的障礙，所以不能不打破舊思想。今天要請諸君來打破舊思想究竟用什麼標準呢？大略的講便是拿一個主義做標準。❺

那時相信孫中山的人當然就拿「三民主義」做標準了。不相信三民主義的人呢，自然就另搬出其他「主義」來了。因此在「五四」之後短短數年之內各有一個主義的「共產黨」、「國家主義派」、「社會黨」、「法西斯主義」集團、「無政府主義」集團，乃至於「實驗主義」者都各立門戶的應運而生。久已爲黨內同志所忘懷的國民黨和它的三民主義，這時又活躍起來，實行改組。

這些新興黨派，乃至改組後的「中國國民黨」都是繼「五四運動」而產生的。其性質與民國初年的「國民黨」、「共和黨」、「進步黨」等是絕對不同的。民國初年的黨是純英美式的政黨。「五四」以後的黨是著重社會運動和文化改革的黨。

且看中國共產黨的發起人，後來又爲國民黨中最有影響的反共理論家戴季陶氏關於國民黨改組的看法。他說：「民國八年以後（亦即「五四」以後），國內青年……漸漸覺悟起來，由淸談文化運動，進而爲部分的社會運動，更進而爲具體的國民革命運動。和民國六年以來黨內的改組氣運相銜接，而中國國民黨的改組，於是乎實現了。」

本末倒置的中共

反看中共呢！中共在國民黨容共初期，黨員人數實際不過數十人。它是在國民黨中寄生長大的。至北伐時代，它已變成嚴重的破壞「國民革命」的力量。那時它拋開了那一階段的兩個主題——打倒軍閥，打倒帝國主義——而集中全力去搞那不急之需的「副題」——土地革命，社會革命。把北伐軍的後方鬨得烏煙瘴氣。有的兒子正在前方和軍閥浴血作戰，老子卻在後方被「農民協會」戴著紙帽子在遊街。當軍閥和帝國主義統治區內尚歌舞昇平；北伐軍解放了的地方反而階級鬥爭起來，共產黨這一鬧，一方面抵銷了國民革命的力量，一方面也鬧垮了國民黨的黨權，爲軍人獨裁鋪路。

結果呢？共產黨在國民黨內被血淋淋的「清」了出去。它不服，還是繼續暴動，結果是流竄了二萬五千里。如果不是日本軍閥侵華，中國共產黨早成了歷史上的名詞了。倖免於死之後，還得向它曾經宣佈過死刑的「新軍閥」、「人民公敵」高呼萬歲。其所以然者，便是他們錯把「副題」當成了「主題」，不知先後。它幾乎破壞了北伐，妨礙了抗戰。它是那一階段的惡勢力，不折不扣的該階段的反革命。

抗戰後的新「主題」

可是抗戰勝利之後，局勢便全部改觀了。以前國民革命的兩大主題是基本上完成了。因之以前的「副題」現在卻變成了「主題」。這新的「主題」便是「土地改革」和「社會改革」。這一階段也有一個「副題」，那便是「民主人士」所搞的「民主自由」運動。關於這主題，共產黨是搞這套起家的，經驗豐富；關於這「副題」它也學了乖。並假扮了一副「民主自由」的面孔，把「統戰」搞得有聲有色。國民黨完全被孤立起來。

至於國民黨呢？它本身是個革命黨，但是現在卻再也找不到革命的對象。它完成了前期的兩大主題；而抗戰後的新主題它又無法掌握。它的高級領袖們既缺乏遠見，黨的本身亦積重難返，負不起應付新階段新主題的責任。因而一個有蓋世功勳的革命黨，這時反成了人家革命的對象。讀史者有餘慨矣！

大陸上在搞些啥子？

中共統治大陸已經十整年，它在大陸上究竟搞些啥子？「民主自由」的老口號，它已完全拋棄了。（其情形亦如國民黨之拋棄「工農政策」。）因爲那原是「統戰」時代騙騙人的。

至於「土地改革」和「社會改革」呢？這兩點，它當眞血淋淋地幹了起來。但是它所做到的亦只是對舊制度的徹底破壞。以前「五四」的英雄們把我國的「舊思想」摧枯拉朽的破壞了；現在「十一」的好漢們，卻把我國的「舊制度」玉石不分的摧毀了。因此我國以前的「多種重心的社會」(multi-centered society)在短短數年之內一變而爲共產專制；由一個「新階級」（用南共Milovan Djilas的新名詞）來統治的單純的社會。換言之，我國舊有的「父兄」、「紳董」、「老師」、「大龍頭」等等所有的安定社會的力量，通統被摧毀了，代之而起的是這一新的統治階級的祕密警察和手槍。

我國舊有的社會體系，雖已不合「現代化」的要求，理該改變。但是祕密警察和手槍所控制的社會，是否就合乎二十世紀，現代化的文明呢？這點似已不必多贅！

所以我們說中國共產黨的歷史任務是社會性的破壞，竟「五四」的破壞未竟之功。破壞的任務終了，它本身也就完結！

中國共產黨嚷革命嚷了數十年，試問時至今日，除了它自己之外，革命的對象又在何處呢？

試看中共「鳴放」期間，「右派」的反共怒潮，和現在海外和台灣的「民主自由」運動的方興未艾，歷史已明白地告訴我們現代化運動已進入另一大階段。

現階段，新主題

現階段在大陸上爭取「民主自由」的「右派」，中共只說他是「人民內部的矛盾」，不敢說他是「反革命」。因爲這「右派」的確是自中共內部發生的，其中堅分子多半是對「人民有功」的人。不是可以斬盡殺絕的「美蔣特務」。

台灣呢？它現在亦爲這一問題陷入極爲痛苦的矛盾。它一面要打著「民主自由」的旗號以反共；一面又要壓制由這一口號所產生的群衆運動。

凡此都足以說明中國現代化運動前一階段的「副題」，現已變爲此一階段的「主題」。這一「主題」是反不掉的。它十年、八年、三十年、五十年之後必然大行於中國。中國近代史告訴我們，以前各階段的主題都是歷盡千辛萬苦以後才完成的。

世界文化史也告訴我們，文化的挑戰是不能置之不理的。中國文化史亦告訴過我們，中國文化不但可以吸收外來文化的優點，而且可以發揚光大使其超過其在母文化中的程度。中國的佛教便是個例子。「民主自由」的思想和制度既然是西方文化對我國文化挑戰的一個主要的課題，我們的文化絕不會冥頑不靈的相應不理。相反的，在我們沒有能消化而發揚它之前，我們的文化由此一挑戰所引起的震動是不會停止的。

中共的工業化和死結

我國文化向這一方向反應在現階段最大的魔障便是中國共產黨。它甘願把中國文化拖進斯拉夫文化的死巷子。按中國近百年來現代化進行的程序來看，中共已經是走向古物陳列館的路上去了。它今日之所以尚能肆無忌憚，作威作福的道理，便是因爲它還抓住了一個現代化建設性的重要課題——中國的工業化。今日中共官報上唯一眞能大吹特吹的只有這一點。海外僑胞對中共深惡痛絕之餘，有時亦難免引中共向洋人誇耀的也是這一點。它是中共今日的「續命湯」。

中國工業化，本是任何政權都應該做的大事。隔壁王阿狗如做了「主席」也是要實行工業化的。只是工業化的方式或有不同罷了，不過其艱苦過程則誰也不能避免。美國在工業化過程中，大企業家逼迫小企業家自殺。投資者亦鬧過「黑色禮拜五」一類的醜劇。但蘇聯工業化過程中亦何嘗不是餓死婦孺數百萬，硬把糧食出口換取外滙物資呢？

中共今日的工業化便是採取俄國式計畫經濟的方式，在全國人力物資之中竭澤而漁。俗語說：「要鐵用，連飯鍋也打掉！」這豈不是中共今天的事實？因此中共政權獨裁專制，殘酷暴虐愈利害，其竭澤而漁式的工業化速度也可能愈快。相反的說，中共在經濟建設上其工業化的速度愈高，其在政治設施上獨裁專制殘酷暴虐亦愈厲。因之在中共工業化達到最高峰時，亦即其殘暴的統治達到絕頂之時。換言之，在共產黨制度之下，人類團體生活中「政治」和「經濟」兩大問題，不但不能同時解決，並且是背道而馳的。其經濟問題能日趨解決，其政治問題便日趨嚴重。至其經濟問題可能作適當解決之時，便是其獨裁專制的政治制度面臨崩潰之時，亦即是「自由民主」呼聲最高之時。共產黨徒都是經濟決定論者，他們根本不相信「上層建築」的政治問題可以成為他們的致命傷。所以其將來的結果，必然就「龐涓死於此樹下」！

中共今日所採取的便是這項自殺政策。為著高度的工業化，它把偌大的中國變成世界最大的奴工營。它要奴工們犧牲自由，束緊褲帶，這樣中國便可「十五年趕上英國」或「二十年後過好日子」。在中國長期積弱之後，這兩項號召是動聽的；是有高度說服性的。其魔力不下於抗戰時期的「打倒日本帝國主義」！

但是它這項騙局至多只可維持十五年至二十年。過此人民就不特要放鬆褲帶，而且要恢復全部自由。屆時統治者是否會自動的恢復人民的自由呢？曰否！因爲那是違反中共政權發展的邏輯的。君不見「百家爭鳴」時統治者的面色乎？中共區內不會再有「百家爭鳴」出現。要有也不是統治者自動號召的了。

所以即使不談外界因素，只取「以經解經」的方式分析中共政權，天安門上的好漢至多還有十五年的安穩日子好過。

今後十五年的台灣

或謂俄國革命迄今已四十餘年，何以並未動搖。其實中俄兩國未可相提並論。俄國文明本爲西方文明之邊緣，所以它只可在西方文化之內作畸形的發展，而不足以向西方文化實行反挑戰。所以白俄在出國之後，未幾即爲住在國所同化。不若我輩「唐人」在海外住了幾代還不能變爲老番，所以中國文化不能全部蘇維埃化，中國人亦不能全部赤化，此其一也。中國自那拉氏到毛澤東經過了四十年，俄國自尼古拉到列寧只有幾個月，所以我國今日缺少我們所有的三十歲到五十歲的中堅分子的民主自由的鬥士，此其二。我國尚保存一個台灣沒有赤化，可以作我們「民主政治的實驗區」。俄國的克倫斯基及其他反共俄人，均無所憑藉，此其三。

有此三點，則中俄之局勢迥異。此三點中尤以第三點最爲重要。蓋共產黨的政治、經濟、社會、文化均自成一個整體。要對共產黨「取而代之」，則必須以一個更完美更前進的整體來代替它。這個整體不是一個空洞的什麼主義或宗教。這個整體必須是經過實驗的合乎中國國情的前進的政治、經濟、社會、文化的新制度。

借用實驗主義者一句名言：「眞理不是可以發現的，眞理是不斷製造出來的。」所以台灣今後十五年的工作，應該是捨棄任何教條式的主義，以「科學的實驗室的方法」在政治民主、經濟平等、人身自由的原則下，實驗出一個新的政治、經濟和社會制度，以替代共產黨這一套反動的體制。如果台灣能在十五年之內，製造出一個新的眞理來，到那時共產黨的反動已達最高峰，那樣才能水到渠成把共產黨那一套，摧枯拉朽的送到北冰洋裡去。

中國文化的前途繫於台灣今後十五年的發展。而這一發展的開端，便看台灣是否能抓住中國現代化運動現階段的主題！

最後階段和文化反挑戰

不過，抓住現階段的主題實非容易。在西方文化向我國挑戰的過程之中，「民主自由」這一項遠在清末便是我國各種「改革」或「革命」運動中主要的口號之一。但是它卻始終沒有變成任何階段的「主題」。因爲在以前任何階段，事實上我國尙沒有完成此項課題的政治的和社會的條件。所以這一項口號我們喊了數十年，至今日始成爲現階段的主題。這也說明它是中國現代化運動中最難的一項課題。在其他各項課題逐一完成之後，始輪到它有變成「主題」的機會。事實上，其他各項課題之完成，原亦是使它變成主題的先決條件。

再者，在現階段現有的主題之外，我們實在找不出什麼「副題」來。所以現階段的「民主自由運動」的內容極爲單純；陣線亦極爲明朗。「五四」時代擁護「德先生」的人群複雜極了。大家同床異夢，但是卻打了相同的招牌，結果上了共產黨「統戰」的圈套。這種現象現在是沒有了。正因爲它目標單純，陣線明朗，所以它沒有足爲下一階段主題的副題參雜其間。因此現階段的「民主自由運動」，實是「中國現代化運動」的最後階段。中國民族文化如能通過這一關，那便是中國現代化運動之徹底完成。到那時我們民族的新文化便可在政治、經濟、社會、教育各方面對西方文化作一個通盤的反挑戰。彼之所長我悉有之；彼之政治經濟各方面之矛盾，我均可調和而化除之。夫如是，則我民族以六萬萬人口之衆，居富強安定之大國，以政治民主、經濟平等、人身自由之最完滿之新制度出現於世界，其時我們縱不願爲保持世界和平之盟主及人類進化之領袖，恐亦不可得矣。

不過目前這一關實在是我民族文化生死存亡之樞紐。斯拉夫、日耳曼、拉丁諸民族都在這一關之前殭了下去。我們能否平安過關，便看今後十幾年中，我民族在台灣實驗之結果。言念及此，不禁心嚮往之。

*原載於《海外論壇》一九六〇年一月創刊號及二月號

註釋

❶本段末句爲新增，以使全文主旨更爲明確。

❷此處所指的「民族國家」已非十九世紀流行於歐洲的nation-state，而是以不能分割的文化族群而言。民

國初年孫文做臨時大總統時，就反對當時流行的漢、滿、蒙、回、藏五族共和的概念。因爲「漢」本來就不是個單純的族名；「滿」所包括的也十分龐雜；「蒙」根本就代表黃種人全體；「藏」與「漢」也難解難分；「回」是教名，尤與種族無關。所以中山主張中國應採取美國民族大熔爐的模式，而統稱爲「中華民族」，語見《文言本三民主義》，重印於一九六六年，台灣國防研究院印行的《國父全書》，頁一八〇～一八四。中山這一主張，無疑是最合乎歷史潮流的。吾人試看今日美國所謂「歐裔美籍公民」（Euro-Americans）、「非裔美籍」（African Americans）、「亞裔美籍」（Asian Americans）和「歐聯」（European Union或European Commonwealth）等等概念的發展，便知道：今後將是個民族逐漸混合的世界，而不是民族愈分愈細的世界。中共今日所發生的少數民族的問題，而爲海外所詬病的道理，便是它在建國之初，在概念上，無視於有遠見的中山遺教之故也。中共這種落伍而糊塗的概念，如不設法逐漸改變，問題可能會愈來愈嚴重也。

❸見中山原著《建國方略》，第六章，重印於《國父全書》，頁二一。

❹本篇所論之第一階段，是從同治中興開始，當然我們更可推前至鴉片戰爭時期也。

❺參見註❸，頁九四一。

二、中國國家轉型論提綱

在海外教授文史數十年。單在大學本科所授的史學課程便有「世界通史」、「世界文化史」、「亞洲史」、「中國通史」、「中國近代現代當代史」等十餘種之多。在教學期中，個人對美國各時期所用各種教科書，總嫌其不合己意。有時竟隨教隨評之——縱是近年所用最權威的著作《劍橋中國史》，亦無例外。這種既教之、復批之的論學方式，在科舉考試中，可能就構成「罵題」之謬說。但爲學若有主見，不願人云亦云，實自覺亦未可厚非也。加以學生以及知友，亦每多好之者，這往往就是鼓勵了。以致樂此不疲者數十年。因此在教學過程中，縱是全校必修科如「世界通史」、「世界文化史」

，校中當權派雖強力干擾，務期統一教學，余亦每以補註方式，增抒己見。雖每犯衆怒，而終不盲從也。至於自授各課，講義則多自編；「教科書」就是附庸了。如此數十年，初不意講義及所編之參考史料，裝於紙箱中竟亦高與身齊也。

前年自海外教學崗位自動申請退休之後，海內外華裔學界及新聞媒體中之老友，每每邀請參加學術會議，或爲時論索稿，乃自從校中搬回家中之英文舊講稿及積存史料中，編譯之以應寵召。初則偶一爲之，不意爲時旣久，聽衆與讀者之間，頗不乏同調。各方口詢、函囑，鼓勵尤多。因此使一得之愚，頗思廢物利用，將數十年積稿，稍加分類回譯，列出系統，以就教於學術界之同行，及一般嚴肅的聽衆與讀者。

筆者不敏，學無專長，加以流落異域數十年，打工啷飯，顚沛流離，一言難盡。然正因身歷艱難而倖免於浩劫，對祖國這一謎團，終未忘情，總思對所見興亡，有所領悟。愚者千慮，必有一得，因對數十年之所學，與殫精竭慮之思考，亦不敢過分妄自菲薄。以故在退休之後，尙思對舊稿稍作董理——古人有《日知錄》、有《二十二史箚記》等名作之遺規；筆者愚拙，雖不能至而亦心嚮往之也。

近年在整理舊稿中，對中國國體「轉型論」，亦數十年未嘗忘懷的主題之一也。憶青少年期嘗隨顧頡剛師治商周史，對「中國封建之蛻變」即有專篇，獨抒己見而推研之；曾擴充至十餘萬言。除以部分爲中央大學學士論文之外，餘篇則擬爲中央大學歷史研究所碩士論文之基礎也——其時筆者曾考入中大歷史所爲研究生。

不幸此一研究計畫爲戰火所毀。積稿除〈中國郡縣起源考・兼論封建社會之蛻變〉一篇之外，餘稿泰半遺失；研究所亦未讀成。——《郡縣考》一文嗣曾發表於「安徽學院」（今合肥安大前身）之學報《世界月刊》第一期（一九四四）。一九七一年復承宋晞教授之介紹在台北「中國文化學院」所發行之《史學彙刊》（第三期）中重刊之。

戰後筆者赴美留學，轉攻歐美史。中國封建史之探討遂中輟。然對青少年期之所習，興趣固未減也。因此其後對美洲印第安人歷史之研讀，總以我國三代史（夏商周）與之互比。以後竟至堅信，不讀印第安人在美洲之歷史，便無法眞正瞭解我國夏商周之古史也。甚矣比較史學之不可廢也。

美洲印第安民族之歷史，曾對馬克思（包括恩格斯）主義歷史學派理論之形成有其決定性之影響，而其影響之發生爲時較晚，「教拳容易，改拳難」，因此對馬克思主義史學理論，亦有其致命之衝擊。——蓋吾人如細讀美洲紅人史，尤其是近在目前，在十

八、九世紀仍有明顯跡象可循之北美各部落之社會發展史，則一覽可知，所謂「封建社會」實直接自「部落社會」轉型而來，與「奴隸社會」並無太多之直接關係也。

蓋「人類」原爲「群居動物」之一種，其初民群居之「社會行爲」，與群居動物如猴、狼、馬、海狗，乃至鴻雁、黃蜂、螞蟻均有相通之處。群居動物之「群」(herd)，即初民之「部落」(tribe)也。動物之群中必有長——蜂有蜂王，蟻有蟻王。猴群、狼群、雁群，乃至野馬、家馬（如蒙古、新疆之馬群），皆各有其主。領袖群倫，初不稍讓。印第安人之部落，必有其「酋長」(chief)。我華裔老祖宗乃有堯、舜、禹、湯、三皇、五帝也。

群居動物之社會行爲無進步。千百年（注意：非億萬年）初無變化。而「人爲萬物之靈」，其社會行爲則有演變，有進化，有型態，乃至「轉型」也。——因此，人類社會發展史中之所謂「封建」(feudalism)者，實自「部落生活」(tribal life)直接演變而來，與「奴隸制」(slavery)無延續關係也。

群居動物從不相互奴役，而人類歷史上之奴隸制，雖無族無之，然其規模大小，時間久暫，各族則有霄壤之別。蓋奴隸源於部落戰爭。以俘虜爲奴隸，終係暫時現象。把奴隸制度化，形成國際間之「奴隸販賣」(slave trade)，而鑄造出以奴工爲生產重心的「奴隸社會」，究係反常現象，不可視爲社會進化中之通例也。中國古代史，和近代北美洲印第安人之社會，均可反證之。詳論需有鉅著專書，拙篇且「提綱」一下，限於篇幅未能細析之也。

我國史中之封建制，實始於西周（公元前一一二二～前七七一）而盛於西周。至東周則開始變質，且引一段《漢書・地理志》，以窺其大略。〈地理志〉說：

周爵五等，而土三等：公、侯百里，伯七十里，子、男五十里。不滿爲附庸，蓋千八百國。而太昊、黃帝之後，唐、虞侯伯猶存，帝王圖籍相踵而可知。周室既衰，禮樂征伐自諸侯出，轉相吞滅，數百年間，列國耗盡。至春秋時，尚有數十國，五伯迭興，總其盟會。陵夷至於戰國，天下分爲七，合從連衡，經數十年。秦遂幷兼四海。以爲周制微弱，終爲諸侯所喪，故不立尺土之封，分天下爲郡縣，盪滅前聖之苗裔，靡有孑遺者矣。

《前漢書》的主要作者班固（卒於公元九十二年）是一位與耶穌同時的歷史家，這番話雖大而化之，卻很簡單扼要。他說，在西周時期大小分爲三等的五級封建小國大致有一千八百多個。經過大魚吃小魚，到春秋（前七七〇～前四七六）還剩數十個；到戰國之末時（前四七五～前二二一）只剩七個。到始皇統一天下（公元前二二一年），他乾脆「不立尺土之封」，把「封建制」完全廢除，改中華政體爲「郡縣制」，以至於今日。

這就是中國歷史上有名的，秦始皇「廢封建，立郡縣；廢井田，開阡陌」這段史實。

「封建制」和「郡縣制」的基本區別在哪裡呢？最直截了當的答案，便是：在封建制下，那統治中國各地區的統治者（多時到一千八百個）都是世襲的封建主（分公侯伯子男五級）。他們屬下的土地，大致都屬國有。但是在郡縣制之下，這些封建公侯被取消掉了，代替他們的則是一些省級和縣級，有一定任期的官吏（政治學上叫做「文官制」，civil service）。同時全國土地，也化公有爲私有，人民可以自由買賣，也就是搞農村市場經濟，不搞「公社」了。

秦始皇這麼一來，那就是兩千多年前的中國政治社會制度的第一次大「轉型」——

從封建制「轉」到郡縣制。

您別瞧這「轉型」只牽涉到十二個字：「廢封建，立郡縣；廢井田，開阡陌。」政治社會的轉型，是一轉百轉的。——各項相關事物和制度的轉型，例如日常家庭生活、婚喪制度、財產制度……都是激烈的、痛苦的。轉變程序要歷時數百年才能恢復安定。——事實上爲著這十二個字的轉變，秦國實自公元前第四世紀中葉「商鞅變法」開始，一直到漢武帝與昭帝之間（公元前八十六年前後）才大致安定下來。前後「轉」了二三百年之久！

自此這一秦漢模式的中國政治、經濟、文化制度，便一成不變地延續下來，直到蔣中正、毛澤東當政，基本上還是照舊。所以毛澤東說：「千載猶行秦法政。」這句話，大致是正確無訛的。

可是這一秦漢模式延續到清朝末葉「鴉片戰爭」時期（一八三九～一八四二），就逐漸維持不下去了——在西方文明挑戰之下，我們的傳統制度被迫作有史以來「第二次政治社會制度大轉型」。

這第二次大轉型是被迫的，也是死人如麻，極其痛苦的。這次驚濤駭浪的大轉型，筆者試名之曰「歷史三峽」。我們要通過這個可怕的三峽，大致也要歷時兩百年。自一八四〇年開始，我們能在二〇四〇年通過三峽，享受點風平浪靜的清福，就算是很幸運的了。如果歷史出了偏差，政治軍事走火入魔，則這條「歷史三峽」還會無限期地延長下去。那我民族的苦日子就過不盡了。——不過不論時間長短，「歷史三峽」終必有通過之一日。這是個歷史的必然。到那時「晴川歷歷漢陽樹，芳草萋萋鸚鵡洲」，我們在喝采聲中，就可揚帆直下，隨大江東去，進入海闊天空的太平之洋了。

以上是筆者個人積數十年治學與教學的心得，對祖國歷史，和國族的前景，所作的粗淺的認知和「大膽的假設」。要「小心的求證」起來，工程就浩大了。但筆者自青少年時代開始便對此一問題鑽研未停，然愚者一得，縱有若干自信，終難免也有自己的阿Q心情。因將此一假設，先以「提綱」方式提出以就正於方家，庶可與同道攜手前進；深信吾道不孤也。

再者，近年因退休多暇，曾應友好寵召，自紐約開始，分訪華府、波士頓、三藩市及祖國各地，以同一專題作公開講演。承聽衆和媒體不棄，時有報導。美國華文《世界日報》及香港《動向》月刊的資深記者，均曾對筆者粗論，頗有綜合性之介紹。捧讀之下，欣知執筆作家所記者，實遠較筆者自述爲精簡而扼要。內容一覽可知，不像筆者自著之囉唆失當也。謹先斬後奏，斗膽將此篇附印於後，作爲增補，庶使讀者對拙見更易瞭解。亦是自己說不淸而請友好代達之微意。尚懇大會專家不吝賜教也。

*一九九六年五月二十二日脫稿於北美洲

原載於台北《傳記文學》第六十九卷第三期

三、外交學步與歷史轉型

我們對中國近現代目錄學有興趣的朋友們，大致都不會否認一個現象，那就是國人以漢文治國史最弱的一環，便是近代中國外交史。筆者本人甚至不知輕重大放厥辭的說過，若論在外交史上的成就，中文著作中，簡直沒一部可讀之書。這雖是個人不學而又長個右派大嘴巴的胡言亂語，例如數十年老友王爾敏教授這本新著《晚淸商約外交》便是一本極爲可讀之書，但在下這句信口之言，也是出自多少年在海內外教書的經驗，有感而發。因爲我們在外國大學裡教授中國外交史（尤其是中英、中美外交史），或東亞國際關係史一類課目的參考書目(syllabus)中，有時爲文化自尊心所驅使，實在想列入若干「中文著作」以光門楣，但是有時除一些史料書之外，勉強列入的中文著作，實在有違心願。其原因就是，你把勉強選入的書目，和同一類的西文書目並列，二者之間的功力與火候，是不能相提並論的。就談晚清外交史吧，有哪一本「中文著作」和摩爾斯那三大本的《大清帝國國際關係史》相比，不是個娃娃呢？

再說摩爾斯的學生費正清吧，在費氏大旗之下，哈佛一校就出了數十本具體而微的類似著作，不談觀點，只從治學的功力與火候來比較，至今的「中文著作」裡，還找不到幾本能與他們相提並論的鉅著。這樣一比，我們要想劍橋學派，在晚清外交史這一行道上，不稱王，不稱霸，又豈可得乎？這兒還想大膽的揷上一句，在這個劍橋學派裡，縱是亞裔學者所持的觀點，也是費正清的觀點。雖然費氏逝世之後，這一觀點已逐漸淡化了。

若問：在這一行道上，中英兩文的著作，距離何以如此之大呢？筆者的回答，便又要回到我個人的老「主義」上去了。首先，這是個歷史轉型的問題。學術轉型原是社會轉型的一部分；而歷史學的轉型，又是學術轉型的一部分。外交史不用說，更是歷史學的一部分，我們要知道，外交史、國際關係史這一行道裡的學問，在我國的傳統史學，所謂六家二體裡，都未嘗成過專業，尤其是所有外交家都應有若干修養的國際法這一門，它和我們整個傳統法家一樣，發育始終沒有成熟，在中國學術史上，就像一個花苞，花未盛開，就枯萎了。何以如此呢？那就不是三言兩語可以說得清的了。下節當略述之。

再者，筆者在談比較史學，尤其是談比較文學和比較藝術時，總喜歡勸搞「比較學」的朋友們，比較要分「階段」。要古代比古代，中古比中古，現代比現代，才見高下。不能囫圇吞棗說，中國音樂不如西洋音樂，中國詩歌不如西洋詩歌，或中國小說不如西方小說，……你只能說現代中國的音樂，遠不如現代西方的音樂。你可千萬不能說，中國唐代的音樂比不上中古時期歐洲的音樂。因此我們談國際關係史，乃至國際法這行學問，也是一樣。在傳統中國，我們在這個專業裡，就比西方落後了，落後到幾乎沒有了的程度，但是它在先秦時代的發展，卻也曾大有可說，甚至還有更高的成就呢！吾人試讀我國古籍中的《左傳》、《國語》、《國策》，乃至《晏子》、《管子》，便知道我們的成就不在西方之下。但是在秦漢以後就不足觀矣。且舉幾則小例子：

我國古代國際公法的萌芽

在春秋戰國時代，我們的老外交家管仲（？～公元前六四五年），做了齊國的周恩來，以國務總理兼外交部長，幫齊桓公打天下，搞「九合諸侯，一匡天下」。（不正是美國今日所幹的？）爲維持他那時的國際和平，管仲於公元前六五一年，在齊國的葵丘（今山東省臨淄縣），召集了一個國際會議，並簽訂了一件國際條約叫做〈葵丘之盟〉。（這項條約如簽訂於二十世紀，周恩來顯然就要選日內瓦或萬隆了。）在這件「葵丘條約」裡，當時各列強，在齊國（位同今日的老美）的操縱之下，歃血爲盟，宣布一致遵守所簽訂的各條款，這些條款當然也就變成當年的國際公法了。原條文是假當時有名無實的「周天子」之名（也就是今日聯合國的安全理事會之名），向國際公布的。條約的內容是：

> 毋雍泉，毋訖糴，毋易樹子，毋以妾爲妻，毋使婦人與國事。（見《春秋穀梁傳》，僖公九年）

這則我國古代的國際公約，大致也可叫做「五毋公約」或「五禁公約」吧！今天讀起來雖覺可笑，現代女權主義者讀來，尤其要怒髮衝冠，但是這卻是那時最合實際需要的國際條約。〔請看今日聯合國中由美國帶頭所搞的，「禁核」、「禁毒」、「禁武」（化學武器）等等三禁、五禁諸條約，就可知道其重要性也。〕在公元前七世紀的黃河、淮河和長江流域，小國甚多。一河流經數國。如果上游國家築壩蓄水，下游國家就要受旱災了，所以不能「雍泉」（截流，築壩，或造蓄水池）。饑荒缺糧時期，各國尤不許囤積居奇，所謂「毋訖羅」也。「毋易樹子」這條也很重要。由於往古部落之間通婚的老傳統，我國封建時代王族婚姻都是有國際背景的。直至今日我們還有「姻聯秦晉」的成語。乖乖，秦晉都是超級強權。他兩家的外甥少爺已經做了「樹子」（太子），你要把他換掉，代以小老婆之子，豈不要引起國際糾紛？爲著國際和平，則樹子不可易也。

小老婆決不許做大夫人

「毋以妾爲妻」，也要寫入國際條約。朋友，你認爲是笑話嗎？非也。不但那時是事關世界和平的大事，縱在今日二奶也不能代替大奶呢！不信，您如試想美國柯林頓大總統，今日要和希拉蕊離婚，而把蒙妮卡・陸文斯基（Monica S. Lewinsky）扶正作美國第一夫人，你看今日世界會變成個什麼樣子？首先華府和北京的「夥伴關係」，恐怕就很難繼續了。國會內極右政團，如乘機要罷免這位好色的總統，則老美現在在波斯灣，和在咱們的海峽兩岸，所發生的作用也要完全改變了。「以妾為妻」在今日尚可生若是之紕漏，況兩千五百年前之東亞大陸乎？所以他們要在國際條約上，明文規定，諸位元首可以搞三宮六院，但不能搞以二奶代大奶。

〔附注〕據說彭德懷打完韓戰歸來，立刻就以國防部長身分，下令解散中南海文工團，他的理由是：「今天還能搞三宮六院？」這就是彭張飛，不如周管仲了。須知，咱中國從君主轉民主，這個「轉型」還沒有轉乾淨嘛！我們的主席，至少還是半個皇帝，甚或是一個半皇帝呢！皇帝猶存，你彭老總怎能「躐等」去廢除帝制政體中最重要的制度，所謂三宮六院呢？……試問哪個有權力的大男人，包括柯林頓大總統，不想搞三宮六院，其不搞者，是不能也，非不為也。可憐的是猛張飛不明此轉型之道。他這位可敬可愛的「彭大將軍」，後來竟至不能善終，讀史者悲之也。

至於不許女人參政，在今日是很違反潮流了。可是縱在今日，也還難免要有個「但書」呢！像今日台灣的女強人呂秀蓮和陳文茜，她們特立獨行，寧願犧牲婚姻和生男育女，也要搞政治。女各有志，實在是令人脫帽致敬的。但是若有女人，先要搶個強人丈夫，然後再挾丈夫令諸侯，狐假虎威，橫行天下，像江青和葉群（林彪的老婆）那樣，就不足爲訓了。甚至在女權高漲的今日美國，大有野心的希拉蕊，不能隨心所欲的去搞政治，還不是國會中人討厭她妻假夫威，來亂參國政。柯夫人今日對個好色的丈夫不嫉不妒，也是爲了她自己的政治前途，而向國會內的大男人主義者忍痛犧牲呢！所以我國古代大政治家和大外交家管夷吾（仲），會要策動聯合國安全理事會，立法禁止「婦人與國事」，也就不難理解了。

晏大使不入狗門

我國古代的齊魯地區，除出了些了不起的聖人之外，也出了些了不起的政治家和外交家。後來晏子（名嬰字平仲，？～公元前五〇〇年）爲齊相，也是個周恩來，以宰相兼外長，他甚至親自出馬做大使，報聘各國呢！這時齊已日衰，而楚正崛起。出使楚國，工作也不太好做，《晏子春秋》裡就有一段晏子使楚，因爲他和鄧小平一樣，是個小矮子，楚國人想羞辱他，反而被晏大使所辱的小故事，也頗足一述。先讓我們來讀讀他的「古漢語」原文，（青年讀者們，也不妨順便練習練習，讀讀所謂「諸子百家」的老古董，並不太難嘛！）《晏子》原文如下：

> 晏子使楚，楚人以晏子短，爲小門於大門之側，而延晏子。晏子不入，曰：「使狗國者，從狗門入。今臣使楚，不當從此門入。」賓者更導從大門入。見楚王，王曰：「齊無人耶？使子爲使。」晏子對曰：「齊之臨淄三百閭，張袂成陰，揮汗成雨，比肩繼踵而在，何謂無人？」王曰：「然則何爲使子？」晏子對曰：「齊命使，各有所主。其賢者使使賢主，不肖者使使不肖主，嬰最不肖，故宜使楚矣。」
>
> （見《晏子春秋》內篇雜下第九章）

再以白話重說一遍——晏子出使楚國，楚國人因爲他是個小矮子，乃把大門邊上裝了個小門，要晏大使從小門進去。大使不入，說：「我出使的國家，如果是一個狗的國家，那我就從狗門進去，但是今天我是到楚國來出使，楚國人並不是狗，我也不應該從狗門進去。」招待員不得已，乃改請大使從大門進去。楚王一看大使其貌不揚，就說：「難道齊國沒有人了嗎？爲何要派你這樣的人來做大使呢？」晏子說：「敝國人可多呢！單是臨淄一城，就有三百個社區。熙熙攘攘的大街之上，大家把袖子一舉，便全城遮陰；大家如把頭上的汗抹下來一甩，就像下雨一般。哼，怎能說沒有人呢？」楚王說：「齊國既然有這麼多的人，爲什麼把你派出來？」晏大使說：「大王有所不知。敝國派出大使是有一定規格的。最像樣的一等人才，就被派到最像樣的一等大國。我晏嬰原是敝國最不成樣子的外交官，所以才被派到楚國來，也是應該的嘛！」

這時楚國力爭上游，志在爭霸，兩國冷戰正烈。作爲駐楚特使，時時都有受辱的可能。一次楚國警總抓了個強盜，說是齊國人，楚王乃問晏大使說：「齊人固善盜乎？」這就引起晏子所說出的中國文學裡，那段有名的成語，叫做「橘生淮南則爲橘，生於淮北則爲枳」。晏子說：「民生於齊，不盜；入楚則盜，是你貴國風氣太壞啊！他原是齊國的良民，一到楚國就變成強盜了……」眞是難爲了，晏大使的好口才。

握手風波和季辛吉的中國飯碗

上述這些故事可能都是眞的，因爲在冷戰之中辦外交，不論古今中外都是不容易的啊！一個外交家，在執行其外交政策之外，他平時在折衝樽俎之間的急智，也需有特殊的天才呢！近在一九五四年的日內瓦會議中，周恩來總理，便曾向美國國務卿杜勒斯，伸出手來，並叫聲"Good morning"啊！誰知杜勒斯這個老帝國主義者，竟拒不伸手。在這情況之下，周公的手如何收回？所幸周恩來應付這種場面，也有他的天才，和晏子一樣，終能化險爲夷，其後國際外交圈提起此事，未有不罵杜勒斯是老混帳的。後來季辛吉於一九七一年，第一次祕密訪華時，就爲這個「握手問題」，傷透腦筋。他深怕「萬一我伸手，他（老周）不伸手，如何是好？」（見季辛吉回憶錄《白宮時代》，及尼克森回憶錄，一九七二年，頁五五九。）

其實，季辛吉此人，還是外交訓練不夠。你在來華之前，就應該把「周恩來此人」搞清楚嘛！古人說：「豈有鴆人羊叔子哉？」今世又「豈有不伸手之周恩來哉？」相反的，老周在見到季氏之前，連他在哈佛的博士論文，都查了個一清二楚呢！如此，你這個小孫行者怎能跳過周老佛爺的手掌心呢？所以周公有生之日，季辛吉始終是周門之中，爲他服務的美國博士呢！季博士，老實說，也樂此不疲。至今對北京仍忠心耿耿。何也？君不聞，蘇秦窮困時回家，「妻不下織，嫂不爲炊」的故事嗎？等到他佩了六國相印，再過家門時，「妻嫂側目不敢仰視，俯伏侍取食（爬在地下伺候客人吃東西）」。蘇秦笑問嫂嫂：「何前倨而後恭也？」嫂嫂掩面低聲回答說：「還不是因爲小叔今天做了大官，有錢有勢嘛！」（見中華版《史記・蘇秦列傳》頁二二六二）蘇子「頭懸樑，椎刺股」，苦學成名，所爲何來？還不是爲著今天嗎？

我們的季辛吉先生，也正是如此呢！筆者在美國教書，就是從最慘的紐約市大，夜校成人班開始的，授課時間是晚間七至十一時。一天工作之後，疲憊不堪言狀。因此在這樣的課室中，老師固然很慘；工讀的窮學生，尤其可憐。季辛吉早年就是一個來自歐洲的小猶太難童，白天在小商店記帳，夜間在紐約市大成人班的會計專修科上學。

那時的季辛吉，便和早年的蘇秦一樣，是個「妻不下織，嫂不爲炊」的窮光蛋。直至二次大戰後，他領了退伍軍人獎學金，才從「窮人的哈佛」（紐約市大的諢名）轉入富人之哈佛，去「頭懸樑，椎刺股」，讀其博士的。他其後風雲際會，差不多都是替周恩來工作的結果。離開了中國這一行，季辛吉就不是季辛吉了。飲水思源，能不肝腦塗地？朋友，蘇秦、張儀服務的對象，原是沒有國界的。出生於德國的猶裔季辛吉，他能替尼克森服務，他也可替周恩來服務啊！搞外交如用兵，也是運用之妙，存乎一心。周公得之也。所以不才總歡喜說，近百年中國史上只出了兩個半外交家。周恩來和李鴻章兩個之外，顧維鈞算是半個。而這兩個半外交家，也只有顧維鈞這半個，算是科班出身。李、周二公，皆出身行伍也。顧維鈞雖是外交界的科班出身，也只是個洋科班，威靈頓(Wellington是顧的洋名) 離家上學之後，未進過一天中國學校也。李、周二人，雖是純國產，然如上節所述，國營企業中無此行道也。他二人搞的，可說是百分之百的天才外交和常識外交(common sense diplomacy)。搞常識外交、天才外交，已不足取，他二人再加上各自有個無知而好權的主子，強不知以爲知，橫行霸道，他二人搞外交，不但要外禦列強，還要內說昏君。能維持個敗而不亡的局面，就很難能可貴了。悲夫！

中國古代外交建制的轉型

以上所舉的一大堆，從古到今的外交小掌故，無非是想說明：㈠我國古代的外交學是很不平凡的。舉凡今日西方所發展的，各種涉及國際關係的概念和實踐，我國古籍中，無不行行具備。專司外交的行政機關，在政府建制中的地位也至爲崇高。用句現代話來說，那便是：不是首相兼外長，便是外長做首相（美國的國務卿，便是這樣的）。那時搞外交的人，也是國際間的寵兒。蘇秦就是一人兼六個國家的外交部長，「佩六國相印」的，這在人類的外交史上，顯然也是一樁「金氏紀錄」也。

不特此也，甚至二十世紀才出現的「國際聯盟」(The League of Nations)和「聯合國」(The United Nations)組織的構想，在我們的戰國時代亦已萌芽。他們那時觀念中所謂「尊王攘夷」中的「王」，基本上便是列強表面上一致擁護，而事實上由幾個爭霸的大國所支配的國際組織，所謂「挾天子，令諸侯」是也。君不見二次大戰前的「國聯」之中，五十個國家被英國牽著鼻子；和今日的老美，動不動就打聯合國的招牌，向世界各國頤指氣使？伊拉克的海珊，現在挖了幾千個洞，還是怕藏身無所；中國的江澤民，向那位好色的小總統不斷陪笑臉，還不是怕他挾天子，令諸侯。今日的錢外長還不是以一侯之下萬侯之上的低姿態，對霸主的波斯灣政策，微笑，鞠躬，說不。

可是(二)，我國文明在秦始皇統一了東亞大陸，廢封建、立郡縣之後，建立了人類歷史上，第一個空前絕後的「宇宙大帝國」(Universal Empire)，這也是蒙古種黃人所建立的東方文明的「第一次大轉型」。一轉百轉，往古列國並存、一強稱霸的世界秩序(World Order)不存在了，春秋戰國時代，所慢慢發展起來的外交制度，也就隨之迅速轉型，而面目全非了。

〔附注〕在大秦帝國統一東亞大陸之前，人類歷史上只有個亞歷山大所建立的馬其頓帝國差可與之相比，但是亞歷山大一世而斬。他也沒有創造出一個宇宙帝國的規模與制度。秦之後的羅馬帝國自然也是個宇宙帝國，可惜它在公元四七六年亡國之後，便永不再來。其後西方的帝國建造者，便再也沒有「天無二日，民無二王」的觀念了。後來日不落的大英帝國，大則大矣，然非宇宙國家也。

只有理藩院，沒有外交部

因此在我國的歷史傳統裡，秦漢以後的帝國時期，就只有內交而無外交之可言了。我們中央政府的建制之內，九卿六部，百制皆全，就是沒個「外交部」。為應付周邊少數民族所建立的小王國，歷代也只設了個不同名稱的「理藩院」，以司其事，但是「理藩院」只是禮部之內的一個司局級的組織，一切事務都當作「內交」來處理，而非「外交」也。例如西漢初年，中央政府與都城設在番禺（今廣州）的南越王國的關係，費正清主編的《劍橋中國史》，便說那是大漢帝國的「外交關係」(foreign relations，見該書第一卷第六章，有中文譯本）筆者處理這問題則認爲那是個「內交關係」，是東北張學良和南京蔣介石的關係。今日西方學者和政客，也認爲北京和西藏的關係是foreign relations，說是中國佔領了西藏，西藏應該恢復獨立，云云。

耶魯、哈佛合縱連橫

北京的外交當局，明知是洋人藉辭搗蛋，但諸大臣爲著自衛，卻只能支支吾吾，搞他個口齒不清，講不出令人心服口服的道理來。其所以然者，第一便是，你如果以「現代觀點」和「現代西方人」耍電子遊戲，你就得服膺他們的遊戲規則(Play their game according to their rules)。你既然不能放棄你自己傳統的麻將規則，卻又要打他們的沙蟹，那就枘鑿不投了。有時你縱有天大的公理，也是秀才遇到兵，有理講不清。例如，你如不搞計畫生育，像毛主席說的「人多好辦事」，那你豈不是第三世界以毛農民爲代表的愚昧無知呢？但是你如大搞其一胎制，「打」掉無數可愛的嬰兒，那你豈不更是殘酷野蠻，沒有文化？總之在「光榮、偉大、正確」的美國國會中，你反正永遠是不對的就得了。

朋友，您說美國政客嘴尖皮厚，無理取鬧的幼稚可笑。咱們光榮、偉大、正確的共產黨，還不是一樣的，甚或有過之呢！政治就是政治嘛！哪個政客不嘴尖皮厚？再者搞現代外交，是全國人民的事，包括擔柴賣漿，甚至阻街女郎，都有其共同語言，外交家不只是政府的發言人，也是他們老百姓的發言人（英國就是如此）。至少，搞外交是個大行道、大專業，專靠周恩來、李鴻章一兩個人的天才，搞他個常識外交、天才外交，總歸不能抗戰到底的。要打毛主席所說的「持久戰」，那你就得有個永恒的、專業的Think Tank（智囊）。二十世紀的美國外交官，差不多都出自耶魯和哈佛的幾個教室，甚至是那幾個沙發之上。從西部起家的，那位唱戲的雷根不信邪，他要找幾個「西部專才」，來反外交托拉斯，搞得灰頭土臉之後，始知反托拉斯之不易也。朋友，托拉斯、鬼谷子，都不是好東西也。秦始皇以後，我們還不是反了兩千年。不幸今日我們又回到「戰國時代。（抗戰期間雷海宗等幾位教授就自稱「戰國派」，並且出了一本雜誌叫《戰國策》，曾被老共恨得牙癢癢的。）在舊劇重演的戰國時代，再來搞他個「合縱、連橫」，就要倚賴耶魯、哈佛的Think Tank的長期演練了。專靠毛主席英明偉大的「反智主義」(Anti-Intellectualism)，難免就走投無路了。

也談談西藏問題

再回頭談談西藏問題。筆者不學，關於西藏問題，我個人倒覺得達賴喇嘛並沒有搞分裂，達賴認爲他和北京的關係，仍是domestic relations（內交關係），不幸達賴所採取的，只是歷史主義的觀點，和實用主義的觀點；筆者則覺得，他還要加一個「後現代主義的觀點」(Post-Modernist Approach)，就好了。此話怎說呢？原來在「後現代階段」（也就是下一世紀五〇年代以後吧），「兄弟民族」之間，爲著互通有無，互利互保，是愈來愈團結的，而不是愈來愈分裂的。把原先團結在一起的兄弟民族，加以拆散，讓他們互爭互鬥，好讓鄰居來渾水摸魚(fish in the troubled water)，像今日的波士尼亞，甚或伊拉克和科威特，那是帝國主義幹的，也是違反世界潮流的。

君不見目前留在歐洲的歐洲人，正在大搞其「共同市場」(Common Market)，和「歐聯」(European Union)？歐聯各國的大教授們，彼此之間要恢復用拉丁文通信呢！他們不是正在大搞其書同文，車同軌，行同倫，政（軍）同制，幣同值，教同經嗎？他們也不是正在設法恢復「羅馬共和」(Roman Republic)嗎？「羅馬帝國」(Roman Empire)還要老一輩。（羅馬帝國約同於我們的後漢；他們今天要恢復「前漢之興隆也」）美國人現在不是正在幫助他們擴大「北約」(NATO)嗎？這簡直是在實行諸葛孔明的理想呢！

再看看目前在美洲的歐洲人，所謂「歐裔美國公民」(European-Americans)和白得像一床被單似的「歐裔加拿大公民」(European-Canadians，同時我們也得知道，加拿大是今日全世界，生活水平最高的國家），他們不是完全混合，成爲一個嶄新的、稱雄世界的「英語民族」(English-Speaking People，注意不是Peoples)了嗎？現在北美的美、加、墨三國不也在搞三國經濟共同體了嗎？我們應該知道，「後現代」電腦化了的西歐和北美，他們的書同文之「文」，決不是「拉丁文」，而是「英文」呢！

美國史上光彩輝煌的所謂民族「大熔爐」(Melting Pot)，也只是對「歐裔美國公民」說的，不是對其他族裔說的呢！我們亞裔且慢在自己臉上貼金。對歐裔來說，那是百分之一百的正確，他們也是百分之一百的熔於一爐了。但是「歐裔美國（和加拿大）公民」與非歐裔的通婚率，卻不到百分之一呢！因此在「後現代的世界」（World of the Post-Modern Era)便會出現的一個橫跨大西洋，講英語的「純白人民族主義」（Pure White Nationalism)或「亞利安民族主義」（Aryan Nationalism）。這個新興的亞利安民族不是二次大戰前那個印歐民族主義(Indo-European Nationalism)。那個老主義是有「反猶」(Anti-Semitic)屬性。那也是它最後失敗的致命傷。

今後這個「亞利安民族主義」則是囊括猶太的。「歸化猶裔」(Assimilated Jews)將是它組合核心之中，極重要的成員。這個不聲不響的，新的民族組合，目前正在迅速成長之中。在下一世紀中葉以後，會排山倒海而來的。因此，在後現代的世界，稱王稱霸的，可能還是他們，除非其他所謂「有色人種」(Coloured Races)能迅速的急起直追，團結自救，否則今日世界上的「低頭之犬」(under dogs)，到那時還是無抬頭之日也。

〔附註〕在公元四到六世紀之間，我國的五胡亂華時代，也曾有過類似的現象。五胡亂華四百年也是個東方各民族的一次大融合，使一個古老的漢族增加了新血液，而發生了返老還童現象(renovated)，乃出現了隋唐大帝國的鼎盛時代。目前這個從美、加開始的英語民族的新亞利安民族主義，正是一樣的不可小視也。

所以我們亞裔學人，如無視於這一歷史上，不可避免的新發展，而跟著「歐洲中心主義者」(Eurocentrists)，去胡吹什麼「中國威脅論」，或自命清高，去反對什麼民族主義，以及去亂搞點，什麼「中國也可以說不」一類小兒科的宣傳，都是「吠非其樹」(Barking up the wrong tree)也。

朋友，他們應該反對的，不是我們那個可憐巴巴的中華民族主義，把十二億華裔受盡百年屈辱之後，所發生的一丁點兒望治之心，看成今後的「黃禍」(Yellow Peril)，老爹，稍有心肝的華裔知識分子，何忍出口？在「後現代」的世界裡，朋友，我們的中華民族主義，恐怕還不夠資格當「黃禍」呢！替那個不聲不響的，卻排山倒海而來的「新亞利安世界秩序」(New Arynized World Order)，做點未雨綢繆的制衡工作，才是我們在新世紀的當務之急呢；而這項工作，筆者不學，恐怕也正是我華裔不可自棄的發展方向呢！

世界網路裡國語的將來

所以我們搞比較史學的，眼睜睜地看著白種民族之間，爲著他們今後各兄弟民族的實際利益，正在由分而合，由數十種語言，而逐漸統一於英語。英語已成爲今日美、加的「國語」，也將成爲這個新民族（英語民族）的族語，而我們東亞大陸，千年以上就一直是統一的蒙古種黃人，爲何今日一定要搞分裂呢？達賴喇嘛這位極爲聰明，會說英語，也頗有世界眼光的政治和尚，顯然也看出這一世界潮流，爲藏胞切身的政治，和經濟的利益，也是爲著他自己的政治前途，所以他只要做西藏的董建華，而不要做台灣的李登輝。這是他有歷史的視野（Historical Vision），爲李登輝、許信良輩所不及也。美國政客對此則頗不甘心，硬是要強迫他搞「藏獨」；硬要他從中國分裂出來，這就是華府政客的混帳了。

達賴原不要搞獨立，而北京偏偏要爲淵驅魚，硬要把和尚推入老美懷抱，口口聲聲給他戴頂「藏獨」的帽子，這就是北京政客的糊塗了。

平心而論，達賴這個頗有野心的政治和尚，想做個「西藏的董建華」，原未可厚非也。他在「前世」不已經做了十三次「董建華」了嗎？再做一次，有何不可呢？但是和尚爺有所不知，時代不同了嘛！您如有香港那個物質和精神的基礎，還可試試看。西藏今日還去古未遠，奴隸制的後遺症猶在，落後貧窮，基本上還和沙漠之南的非洲差不多。那兒只能生產非洲式的土皇帝，哪能搞香港式的「特區」呢？董建華雖不比你說英語的和尚，高明到哪兒去，但是他這個商人之子，至少會做做生意嘛！何況他底下還有個現代化的，千錘百鍊的「職業官僚體系」（Professional Modern Bureaucy），特首草包，他（她）們並不草包也。您達賴小和尚，底下有些啥子呢？誠然，您班底裡的老少和尚都會「唸經」；唸經不能管理「特區」也。

這兒，我們也倒要問問，一天到晚都在策動和尚搞獨立的美國政客們，你們要小和尚回西藏去唸經呢？還是做「特首」呢？筆者個人無意替共產黨吹噓。只覺得達賴喇嘛和他那一夥吃葷的和尚，吃不了董特首那碗飯罷了。

〔附注〕據專家統計，一九九七年的世界生活水平是：加拿大第一，美國第四，日本第七，英國第十五，香港第二十二，中國第一百零八……見*The World Book*，一九九八年年鑑，頁二三一。西藏如變成特區，排名可能在一百二十之後也。搞啥特區呢？

再者，美國佬和英語民族，早已把英語變成了他們的「國語」和「族語」。在將來後現代的「世界網路」(World Wide Web，簡稱WWW)裡，英語很可能成爲獨霸世界的國際語言，至少也是五大「實用」(functional)國際語言之首，另外四個，應爲華語、西語、阿拉伯語和俄語。(事實上，今日聯合國中，即以此五種語言，加一法語，爲通行世界的實用國際語言，可是在將來的WWW之中，法語必被英語擠掉也。)所以，由於潮流所趨，英語已經變成英、美、加、澳、紐五國的國語和正在形成中的「英語民族」的族語，而負有相同義務和責任的，我們的華語，爲何不能成爲國語和族語呢？

〔附注〕當年毛澤東等把原有的「國語」改成「漢語」，便是個自以爲是的錯誤政策。今日台獨要以閩南語代替「國語」，也是不知「後現代」世界潮流的落伍思想。有思想的台灣同胞，千萬不能上當。你如上當，將來你的單語兒孫，會恨死你的。君不見講客家話的李光耀，也要以「華語」來統一星洲方言。那是爲子孫著想呢！李光耀才是一個有思想、有歷史眼光的政治家，將來會遺澤無窮。不像他本家的總統先生，那樣短視。

我們朝野雙方，因此都應該在這一論斷上，和今日的歐洲中心主義者，辯論辯論嘛！哪能噤若寒蟬，只聽他們吹其一面之辭呢！筆者拙論，只是從純學理和歷史潮流出發，決非看重哪一個政權。深盼各界讀者賢達，對拙論能有更深入的指教，而不涉及情緒，那就是拋磚引玉了。

中國朝廷就是古代東方的聯合國

話說回頭，我國的傳統的外交學理和外交行政，在秦始皇以後便轉向一個新的方向。它所致力的，不再以國際之間平等競爭爲對象，而是一個金字塔式的宇宙國家的中央政府，對周遭無數小王國所發生的作用。我們讀歷史的可以肯定的說，從古代到中古、近古的亞洲，統一的「中國」之外，四周少數民族的小邦，是多不勝數的。他們各說各的方言，屬國之下，亦有屬國。彼此之間的部落戰爭(tribal wars)，也是打不完的。因此一個強大而又有「仲裁特權」(arbitrational power)的漢、唐、宋、元、明、清的朝廷，往往卻是維持他們之間和平共存的力量。

〔附注〕此一小國混戰的現象當時不獨東亞地區爲然。非、拉二洲固無論矣，中西歐亦不能免。試看中歐的日耳曼諸小邦，以及西歐的義大利諸小邦，都是在十九世紀末期，才歸於統一的，統一之前，他們也是紛爭無已時。早年的神聖羅馬帝國和中古、近古的教廷，對他們的約束力，遠不如帝制時代的中國朝廷也。

換言之，那時中國朝廷在它自己的「世界秩序」之內所發生的作用，也正是今日的聯合國的「安全理事會」(Security Council)，和「國際仲裁法庭」(The International Court of Justice)所發生的作用，因此那個中華帝國和它周遭無數小王國之間的國際關係，便類似今日聯合國與會員國的關係。也就是先秦時代，「周天子」與諸侯關係的延續。例如西藏的喇嘛政權，到承繼問題不能自己解決時，北京政府就頒發一「

金瓶」，讓他們去抽籤。蒙古王公和喇嘛鬥得不得開交時，乃由北京朝廷分別加封，來他個政教分立，只有朝廷才能說了算；也只有朝廷才能維持各地區的區域和平。

唐太宗征高麗，鄧小平懲越南

當然，人類既是好戰好殺的下等動物，在任何種的制度之下，戰爭都是無法避免的。中國和四鄰少數民族小國，就時常打鬥，有時也打得十分激烈。如唐太宗征高麗（公元六四五年），鄧小平懲越南（一九七九），也都發兵數十萬。我的越南學生就告訴我說，在越南的歷史上，所有越南的「民族英雄」都是「抗華英雄」。我也告訴他們，歷史上在印度支那半島族群內戰中，不知出了多少「民族英雄」，可能百十倍於抗華英雄，但是只有「抗華英雄」，才能名垂青史。其他英雄們的大名，你們都不知道罷了。諸生大笑稱是。

我們要知道，在漢、唐、元、明、清的強勢朝代中，「禮樂征伐自天子出」；為著區域事務，或乾脆為著「聲威」（aggrandizement），都會發生征東、征西一類的戰爭的。可是在六朝和南北宋的弱勢朝代裡，則「禮樂征伐自諸侯出」。一旦諸侯國相互兼併，變得太強大了，它就要入主中原，建立其北魏、遼、金、元、清等大帝國，但其所建立的，宇宙大帝國的外在形式和內部結構，自秦皇漢武建制以後，兩千年中卻一成不變，這也就是毛澤東所說的「千載猶行秦法政」了。這本是一種東方的「世界秩序」，有它自己的運作程序。與西式世界秩序相比，二者之間只有制度之異同，而無政治是非之可言也。

在這一與西方完全不同的宇宙觀，和宇宙政府之下運作的外交體制，自然與西方的體制是絕對的南轅北轍。但是它也是個自成體系，有效運作的制度(a functional system)，一行兩千年，未嘗癱瘓也。只是從鴉片戰爭(一八三九～一八四二)之後，在西方制度的挑戰之下，無法繼續罷了。但是在行將到來的「後現代時期」(during the Post-Modern Era)，它的理論與實踐，是否能重發餘溫?制衡西制，今日似乎還言之過早，然並非絕無可能也。君不見，今日美國在波斯灣，不正在大搞其「挾天子，令諸侯」的勾當?現任聯合國祕書長安南先生，不是華府一手扶植的嗎?老美今日偏不許他充分行使職權。豈不怪哉呢?

總之，二次大戰後的戰爭，如韓戰、越戰(包括鄧小平所打的)、波斯灣和波士尼亞之戰，其性質與結束方式，與一、二次大戰及戰前之大小戰爭，均已大異其趣。近年美國所搞的挾天子令諸侯那一套，已愈來愈像咱們東方老傳統，迨地球轉入「後現代」或「後西方」(Post-Western Era)時代，政客們縱橫之道如何？現在雖言之尚早，然其與現在之決然不同，固不待智者而後明也。

現在再回顧一下，看我國外交體制，從近古轉近代，是怎樣轉過來的。

有個外交部，沒個外交政策

鴉片戰爭後，古老的東方文明被迫作第二次大轉型。一轉百轉，我們的外交建制和操作，也被捲入轉型大潮，慢慢轉移，從兩廣總督府，轉入中央特設的「總理各國通商事務衙門」(簡稱「總理衙門」)。到一九〇一年，吃了八國聯軍的敗仗，才又被迫設立了兩千年歷史上第一個「外務部」。然後重作馮婦，再習外交。百餘年來，這項轉型學步的經驗，是十分艱難和痛苦的。

首先是，近百餘年來的我國中央政府，雖也有個外交部(Foreign Office)，卻基本上沒個「外交政策」(Foreign Policy)，我們所搞的，幾乎全部是被動的應付外交，或挨打外交；在國際間的外交行爲，始終就未嘗採取過主動。此一劣勢的形成，雖亦與國勢有關，所謂弱國無外交也。但是我國朝野，對此新興行道之無知，也是個主要的因素啊！清末民初，那段血淚斑斑的挨打外交，不用談了，縱在二次大戰末期，我們已擠入「四強」之列，但是被欺被宰，還是血淚橫流啊！那是技術落後、愚昧無知的結果，與「弱國外交」就沒有太大的關係了。

麻將台上四大賭客

在二次大戰末期，勝利已成定局之時，全球列強，只剩下中、美、英、蘇，一桌麻將。六十年後，細談牌經，歷史家不能不說，這場麻將中的最大贏家和最高牌手，實在是老毛子史達林也。他原是個最危險的德日夾攻、英美暗算的毀滅的對象。但在二次大戰前夕，他就能安排中國替他「抗戰到底」，而化德日「夾攻」爲納粹「單攻」。何等高明？二次大戰末期，他居然又透過雅爾達、波茨坦，不費吹灰之力，不特在歐洲囊括了所謂「蘇東波」半邊天下，在東亞也掌握了滿、蒙、北韓，最後還在滿洲暗助一小老弟入主中原。眞是錦上添花。蘇聯後來之解體，實在是天亡老蘇，非戰之罪了。

四方城中，另一麻將客邱吉爾，也技術非凡。邱氏原意，是在歐洲緩開「第二戰場」(Second Front)，務必等到德、蘇兩軍，皆拚搏至死亡邊緣之時，然後來個卞莊刺虎，以英、美主力，從東歐的黑海沿岸，搶灘登陸。如此，則約翰黃牛，不但可盡收戰敗納粹之所有，同時也可把「北極大熊」，趕回北極，以除後患。這著何等厲害。

可惜邱某受制於他的「上家」羅斯福，而不能盡展所長。羅某不但有其美國傳統的理想主義，他也以帶病之身，受制於滿腦軍功，而政治木訥的窩囊將領，馬歇爾和艾森豪。但是二十世紀畢竟是美國世界。在這場麻將中，也只此一家，能「不按理出牌」。賭本無限故也……朋友，人家輸得起嘛！這也就是管仲能搞「九合諸侯」的道理啊！人家本錢無限，你如也想贏點小錢，你就得「摸著石頭過河」，在霸主身邊，狐假虎威一番。是非云乎哉？這就是羅、邱的關係了。

這場偉大的國際牌局中，本錢既小，而牌技奇劣者，就是我們的蔣公介石了。他老人家個性倔強，頗有忠肝義膽。一介死士也，烈士也。他搞內交，打內戰，有時也有些智慧與手腕，可以不戰而屈人之兵。然終非大器。搞國際外交，沒個智囊班底，他就是個一介武夫了。在二次大戰之後，美、蘇交惡，中國介於其間，舉足輕重。運用得當，他原可「坐收兩國之金」。（這是蔣公最愛閱讀的《戰國策》上的話。）戰後毛公雖有土共九十萬，聲勢確實不小，但是在美、蘇夾縫中討生活，仍是小籌碼也。其所以能席捲大陸者，蔣氏外交無能，終以一人而與兩國一黨爲敵，麻將技術太魯，有以致之也。此處篇幅太短，容當另論之。

毛比蔣還要土

蔣去毛來，中華人民共和國成立了，吃一塹長一智，理當深識蔣之覆轍，在兩強之間，釜底抽薪，而獨享其漁翁之利。孰意毛之山洞外交，尤遜於蔣。他替史達林打了一場韓戰，死傷數十萬，且幾乎吃了原子彈，事後還要向赫禿賠償「戰債」，天下事之荒唐有甚於此者乎？某次愚答大陸學生問：此債應償否？余冒反革命、反毛澤東思想之大險，自承是資本主義的「徽州朝奉」，曰：「此債誓不償還也。」數百師生聞言，竟爲之鼓掌哄堂，亦可笑矣。

其實「掃掃倉角子」（毛公名言）賠點小錢，小事也。何足掛齒？毛公之左右開弓，最後竟變成以兩強爲敵，幾至美、蘇合作，聯合炸毀羅布泊之結果。毛氏之終能免此屈辱，無他，命大而已矣。眞是天下無俊傑，使庶子成名。吾人固知，美方五角大廈之原始計畫，是單獨毀滅中國之核子設備（與他們今日之對付伊拉克，簡直是一模一樣），然以未獲蘇聯默許而未果行。迨布里茲涅夫亦有意單獨行動時，又爲企圖聯華制蘇之尼克森所峻拒，而未遂所願。兩強計畫中，偶然之時差，竟免中國於浩劫，而鼓中老毛不知，還自鳴得意，豈非天意哉？余於尼克森訪華之後，得機返大陸探母，從南到北之大小幹部，無不歌誦「偉大毛主席的革命外交」，聞之實不勝悲楚。蓋余深知該次中美關係之回旋，全出於狡猾之尼克森，一手之安排。北京之聯合國席次，全係尼大總統之恩賜，毛氏得之而不臉紅，還大吹其「不稱霸」，亦誠厚顏之甚矣。余嗣讀尼氏、季氏之回憶錄，見「小媳婦」周恩來，用盡心機，內說昏君，外禦強寇，以風燭殘年的癌病之軀，折衝其間，「古大臣歟？」眞爲之拭淚也。（在九一三之前，周致尼克森每一密函，必說經毛主席及林副主席之批准，見其用心之苦也。見尼克森自傳，一九七二年各節。）

飛彈不如老爸

周、毛既逝，尼黨亦垮，小蔣短命，閩南幫篡位，中美兩岸之交，從頭來起。海峽南岸，新官上任，金權務實，忙不開交。而成敗仰乎趙孟，民可使由之，不可使知之，政權基礎，固未稍變也。北岸受惠開放，科技與經濟齊飛，資本與社會一色，毛規鄧隨，對岸小朝廷不聽話，開砲如儀。但是毛的十萬大砲，未能打掉金門，江的幾顆飛彈，又何能嚇壞老爸？頭輕腳重，以千斤而撥四兩，宜其貽笑方家也。

分裂外交與統一武力

可是我國的聖賢遺訓，所謂「滿招損，謙受益」，於近年來海峽兩岸對峙之局，眞能一語道破。南岸的李老總的毛病，便是由「滿」而驕，睥睨當世，而其志只在一島，他非所知，良可慨也。其實蕞爾小島，海隅孤懸，要衝出困境，需有不世出之大思想家與大政治家，去領袖群倫，導夫先路，不幸寶島今日多的是急功近利的政客，共同目標，亦只限於分家獨立。這與美國內戰中，林肯對手方所搞的分裂外交（Secessionist

Diplomacy）相似而規模不如也。林肯之所以不朽者，若輩與有功焉。

筆者之對島興嘆，並非說大陸上，今日已出現了什麼「大政治家」也。其實共產政客之困死於一黨，亦正如台灣政客之困死於一島，雙方皆無魄力能破繭而出也。只是雙方政治資本則有天淵之別罷了。毛澤東政權之最大成就，也可說是唯一的成就吧，厥爲對中國大陸的「武力統一」，而「武力統一」卻爲中國政治運作中之第一條件。民國以來，自袁世凱而後之當權者如段祺瑞、吳佩孚、張作霖、孫中山、蔣介石、毛澤東，無不夢寐求之也，然只毛澤東一人能最後完成之，而還是功虧一簣。

朋友，政治是最現實的東西。所以今日的北京政權，如能維持它的「武力統一」於不墜，便是百分之八十的成功。此即鄧小平所謂「穩定第一」之眞諦所在也。有此武力統一之基礎，它和世界任何超級強權，不論爲敵爲友，皆可平起平坐。無此基礎，則既不能爲敵，更不能爲友，充其量只是一變相附庸而已。爲附庸則趙孟能貴之，趙孟亦能賤之也。斯即今日寶島台灣之實際的國際地位。直言之，知犯衆怒，然無人能否認此客觀事實也。

搞不過他，就同他合夥

大陸便不然了。就近五十年來的中美關係來說，尼克森之前，中、美兩國均以對方爲天字第一號之世仇（archenemy）．，尼克森而後，漸次接近，今日兩國竟變成莫逆之交，甚至變成了所謂「戰略夥伴」（Strategical Partners），眞出人意料。如今蜜月之情，奚待多言？爲時不過數月之前，當華府好色之小總統向北京propose（求親）之時，我輩台下觀衆，無不大驚失色。不意柯林頓能出此怪棋也。北京顯亦爲此突來之愛情所驚，最初曾連連否認，說只是「合作夥伴」，而非「戰略夥伴」也。吾輩中美外交史課室中之老學究聞之，頗爲北京之半推半就而驚奇也。美諺不云乎：「搞不過他，就同他合夥。」（If you cannot lick him, join him.）老江原搞不過小柯嘛，現在小柯要老江入夥，爲何不幹？

讀者賢達，您知道啥叫「戰略夥伴」嗎？那就是：老美今日世界之霸主（hegemonist）也。他老人家現在要搞「九合諸侯，一匡天下」，尤其是要對付伊拉克、伊朗、金正日，這窩小造反派，沒個中國作「二把手」爲助，則阻力處處，事倍功半。他若能拉中國「入夥」，做個「助霸」(assistant hegemonist)，則一匡天下，便易如反掌矣。而今日中國這位老太太，對霸主既無篡位之心，更無篡位之力。自己如能和平穩定，於願已足，台灣之外，又別無所求，霸主老爺，如能說服北京當「助霸」，對老美的世界霸權，實有百利無一害也。所以這位好色的小總統，就要苦苦向北京追求和親了。北京最初的反應雖然有點臉紅心跳，不知如何是好，所幸今日主持大陸外交的「江錢配」，原也是洋場出身，非老毛的山洞外交所可比。因此不出數日，他們對美國式的快速拍拖，也能快速適應，終於一拍即合了。

朋友，同老美合夥，有啥好處呢？啊，那好處才說不完也。須知，美國老牧童（cowboy）這個腰纏萬貫的大老粗，莽小子，魯提轄，"He Man"，做了世界的霸主了。問良心，他倒眞的沒有小心眼、黑良心，像英國保守黨，彭肥那樣，笑裡藏刀，詭計多端。牧童哥直來直去，也見義勇爲，慣打不平。這是他的好處，但也是他的弱點。他對比他更有錢，也有更高度文明的人，像猶太人，就很有自卑感，因此他的猶太情結極重，美國也就變成世界猶裔唯一的天堂，華府也就變成以色列的殖民地。而以色列這個國家，原是老謀深算的英國宋江，二次大戰後被迫退出中東時，特意製造出來的（其手法和它被迫退出香港時，簡直一模一樣）。英國這一手法的後遺症，便是把中東弄得永無安寧之日。因此中東這個大火藥庫，就變成美國永遠甩不掉的大包袱。把老提轄變成個揹了一輩子包袱的布袋和尚。可是這個包袱的輕重，就有賴於我們「江夥伴」的舉足之勞了。

枕畔之言重於「否決」

君不見，週前美駐聯合國大使李嘉森（Bill Richardson），爲著要向伊拉克動武，曾以「夥伴」身分專訪北京乎？只要「江夥伴」一點頭，則伊拉克之毒氣工廠，就搖搖欲墜矣。「戰略夥伴」就有這麼「靈」也。錢其琛外長對「柯夥伴」之動機與目的，萬般同情與支持，只覺突然動武，更會引起區域不安，恐貽後患，因以殷勤軟語，勸「柯夥伴」再思之，或有和平方法，能達相同之目的也。（見一九九八年二月十五日《紐約時報》Erik Eckholm的北京專訪。）

朋友，這是性愛伴侶的枕畔良言。其實際效果則遠超過安理會中之正式VETO也。阿錢此一低姿態，不特李嘉森大使衷心折服，西方媒體與政論家也一致頌揚。伊拉克的海珊大總統，對錢外長之感激涕零，豈在話下？老美這個牧童，如今除了英國之外，已變為舉世所不直的「戰魔」（warmonger），而在聯合國犯有好戰前科，並經安理會正式通緝，迄未平反的「侵略者」（aggressor），中華人民共和國，居然變成了和平女神。中、美兩國今後在競逐諾貝爾和平獎之間的距離，也就夠大了吧！這一來，以後李嘉森大使還會拿台灣問題，來向阿錢要脅嗎？亞、非、拉小邦更何能與北京為敵，要把「中國台北」拉入聯合國呢？片語而安天下，一言而有十利，又何必千斤撥四兩去搞啥飛彈呢？孟子曰：「有智不如乘勢。」牧童哥曰：「搞不過他，就同他合夥。」語有雅俗，而智慧無殊也。台灣今後要在國際關係中，「造勢」反擊，在牧童移情別戀之後，實甚艱難，無他，本錢不足故也。與北岸競爭，應另闢蹊徑才好。

中國外交史上新的里程碑

其實，北京在外交上之突破，不只以中美關係為然也。其收回與掌握香港之方式，已發其端。香港回收之匕鬯不驚，已屬不易；回歸後，對港政不染一指之表現，尤屬難能。今日港、中之異議媒體，仍是讀者如雲，清望照舊，此種容忍雅量，余深恐民運諸子，如一旦當權，或且有所不能也。但這一治港政策，又何傷於大陸之和平穩定？何必那麼膽小如鼠呢？

西哲有言：「制度者，機運與智慧之產兒也。」(System is the child of wisdom and chance.) 中國近代社會文化之轉型，已臻最後階段之機運，正迫人而來，兩岸當政者，若有適當智慧 (appropriate wisdom) 以配合之，我民族翻身，此其時矣。大陸今日已位躋「助霸」，一國之下，萬國之上，若能乘勢積德行仁，拿出更大氣魄，民胞物與，有教無類，台獨民運，一體通吃，主持正義於列國，作第三世界之發言人，傳口碑於世界，這點是霸主老美所永遠無法取代者也。對內更應廣開政權，以最謙沖懷抱，容異議於兩岸。中國歷史發展至此，已是喬治・華盛頓呼之欲出之時，識時務者爲俊傑。領導天下一家，促成華族一統，在將來「霸主」氣運不繼而交莊之時，我民族起而代之，亦是天降大任也。有眼光、有氣魄的大政治家，盍興乎來。

朋友，讀聖賢書，所爲何事？我國古史上，五霸、七雄的次第交班，世界近代史上，法、英、美三強之相繼崛起，不都是這樣的嗎？在科技發展一日千變的「現代後期」(Late Modern) 與「後現代」(Post-Modern) 的世界裡，三百年洋東轉洋西，後現代應是季候東風倒吹之時。對此排山倒海而來之歷史任務，我民族文化，亦有當仁不讓之責也。筆者今日發此狂言謬論，吾知嗤之以鼻者，正所在多有也。回憶抗戰初期，筆者斯時一赤足少年也，曾親聞馮玉祥大砲之狂言，曰：「打到日本無條件投降爲止。」其時雖小難童亦笑其狂也，誰知八年之後，竟成事實哉？天下事有非常理可以預測者。懸的以赴，有爲者亦若是，有什麼不可能的呢？但願，阿彌陀佛，一帆風順，今後兩岸對立，其爭也君子，不再節外生枝，功虧一簣才好。

王爾敏式的基本功

拙篇是應老友王爾敏教授之囑，爲他的大著《晚清商約外交》所寫的序文。然在拜讀王子大著之後，不禁百感潮湧。因爲像他這樣的專著，在歐美的已發展國家裡，眞觸手即是，無慮數百種也，而且多是現抄現賣，無待於百年之後也。回看國、共易手之初，「誰丟掉中國？」（Who lose China?）曾變成華府政客的口頭禪，杜魯門政府隨即拋出「白皮書」（White Paper），向國內外解釋：誰丟掉中國？中國自丟之也。何等快捷有力。當時也有策士，勸復職了的蔣總統，針鋒相對，也發表個黑皮書以自白。但是只習慣於江湖外交和忍辱外交的蔣大總統不幹也。最後他老人家決定在台北來修條「羅斯福路」，以揚羅貶杜，亦可嘆之甚矣。〔其實那時蔣如眞要發表一個Black Paper，恐亦編不出來。第一，咱中國搞外交無此傳統；第二，中國學術現代化，當時還未化到這個化境。官僚體制（bureaucracy）與象牙之塔（academics）還是個老王家的吹鼓手，你吹你的，我打我的，各不相涉。在此之前，蔣公曾出了一本《中國之命運》。據已故史家蕭作樑教授生前告訴我，此書幾個關鍵章節，是抄自美國作家Robert C. North的*Chinese Communism*。余復查之果然。這就是中國近代外交學的研究，與政府的外交運作無法配合，很可悲的實際事例了。〕

前節已言之，筆者本人，爲著餬口，也曾在海內外學府，教過不少堂東亞和中國外交史一類的課程，每苦於無中文參考書，以爲點綴。八〇年代之初，我又爲紐約市大所指派，往中國大陸作交換教授，授美國史及國際關係史諸課程，並曾得機參觀大陸各地諸大學有關外交學科的教研情況和圖書收藏。斯時開放未幾，國內對與外交有關的出版與收藏，可說是一片沙漠，班上縱有極優秀，和肯下苦功的青年師生（我班上即有很多優秀的青年大學教師），而苦於巧婦難爲無米之炊。回憶筆者於六〇年代之初，服務哥大期間，曾由聯合國文教機構及美國國務院之特頒執照，與北京有關機關，作大量圖書交換。經我個人手選，由聯合國負責運輸之交換圖書，即包括美國國務院所出版，凡七十年未斷之全套《外交檔案滙編》（*Foreign Relations*）。竊思中、美兩國不論爲敵爲友，和有志外交的中國青年，將來不論爲學（做教師）或從政（當外交官），這部絕版書，都是不可或缺的ABC教科書。筆者當年所以費盡心血，搜得一套運往中國者，職業知識分子之職業癖，實有以致之，然亦未嘗不是爲兩國百年之計，作「後人乘涼」之想，未嘗計及個人及身而用之也。初不意八〇年代自己課堂中，求知若渴之青年學者，竟然有此急需也。迨再過北京細詢之，始知此部絕版書，在文革期間，竟以七分錢一斤之市價，化爲廢紙，當年主持交換之負責人，亦因神經分裂，自裁而逝云。眞爲之驚心動魄。（關於當年中、美交換圖書，筆者曾另有拙文紀其事，見拙著：〈知彼知己，認識美國：序王書君著《太平洋海空戰》〉一文。王書於一九八七年由北京海洋出版社出版。此書在大陸爲暢銷書。後來亦有台灣版。）

於此可知，官僚機構與象牙之塔，各幹各的；以致外交學與外交行政，同時落伍的狀況，國、共兩黨和蔣、毛二公，固無軒輊也，而句句發金光的毛公之落伍，且有過之。老蔣只是自作聰明，閉門造車，出門不合轍，而「賠了夫人又折兵」（以外蒙向蘇聯行賄壓毛，以免賠保皇而扶日媚美抗俄，都是屎棋），誤國誤己。

老毛則是昏庸自大，不學有術，爲著一己權位，把中國搞回石器時代，則罪無可逭也。所幸老周能忍辱負重，目光深遠，而運籌有方，雖經十年浩劫，仍能死而復蘇。今日大陸不特經濟成長，領先世界，外交似亦步入正軌，二者皆鴉片戰爭以後所未嘗有，實皆周某之遺澤也。經濟非關本題，從近百年外交史，看今日外交，我們也可以說，從香港順利回歸之日起，百餘年來的中國政府，實是第一次有了它自己的「外交政策」，而順利執行之。近時江、錢之配，可圈可點，老朽不禁爲之擊節也。

其唯一可慮者，只是北京今日所搞的，仍是李鴻章、周恩來那一派的，天才外交和常識外交也。可圈可點者，妙手偶得之也。然現代國家的外交，畢竟是一項專業。外行不能領導內行。歐美之培養外交專業人才，亦如今日大陸之培養體育明星與歌舞演員，往往都是從中、小學即已開始的。至於教研師資之培訓，研究成果之累積，與夫圖書設備之增置（如今日美國長春藤盟校中專設之院系科組），都非一朝一夕之功。因此一旦有國際外交問題發生，覓對策，訪人才，都如探囊取物，而不致手忙腳亂也。憶曾有大陸外交系教授告訴我：「我們都是不中用的，才留在國內擦黑板；行的都出去做外交官去了呢！」

我告訴教授，這怎麼可能？外交是專業，與搞黨做官不同，外行不能領導內行。君不聞訟棍如毛的美國法律界，有所謂「出庭律師」(Court Lawyer) 與「研究律師」(Research Lawyer) 乎？對訴訟案件 (litigation) 沒有徹底「研究」，何能「出庭」？大律師樓，大老闆，如尼克森，都不是出庭律師。縱是大出庭律師，其背後亦必有強大的研究集團爲其後盾。毛主席說得好：「沒有研究，就沒有發言權。」外交亦戰場也。不知彼知己，怎能亂下雌黃？天才外交，妙手偶得，不足恃也。

辦外交和研究外交學，必須從根本做起。王爾敏教授這本《晚清商約外交》是一本極其紮實的外交學的基本著作。可惜百餘年來，我國研外交學，做外交官的繡花枕頭太多了。很少人願意練這樣的基本功。沒基本功而奢言外交學，做外交官，就是花拳繡腿了。走上眞戰場，往往會誤國誤己的。拜讀王兄大著，我希望這是三百篇之首。再有兩、三百本類似的大著隨之而出，我們的外交學就可以全部現代化了。我國經過嚴格訓練的外交官，也就不會再出洋相了。

中國現代文化大轉型，已進入最後階段。一轉百轉，我們的外交學轉型的完成也會隨之而來。希望王教授這本大著，便是這一完成的開始（beginning of the end）。

＊一九九八年二月二十五日於美國新澤西州

本文爲作者讀王爾敏著《晚清商約外交》的心得和感想（代序）

四、論中國大陸落後問題的秦漢根源

我個人是學歷史的。自一九三九年考入大學到現在已搞了半個世紀，所以也可說是個不折不扣的史學職業工作者。但是半個世紀中，我個人返回祖國大陸參加史學會議，連這一次才是第三次。我回來的目的，第一當然是學習。第二則是作點學術報告。可是我自己不免要問問自己：這大把年紀了，還要學習些什麼？學無專長，又能報告些什麼？我自己的回答則是，我不應該來此學習一兩個專題，我所要學習的，應該是詳細瞭解祖國大陸史學界整個的學風和情況。第二點，那我又能報告些什麼呢？萬里歸來不容易，向濟濟群賢獻醜，報告一點個人研究的牛角尖，滄海一粟，我想也有點辜負大會主持學長們邀請我的美意。所以我想講點大問題、大題目。大題目是不會有結論的。胡適說「大膽假設，小心求證」，可是求證是無止境的，今天我只想提出點「大膽假設」，以就教於祖國史學同文。

中國史學的三大主流

上月五日曾在紐約參加了「中國留學生歷史學會」的成立大會。主持大會的同學們要我去致歡迎辭，我爲愼重其事，曾預備了一篇有四十六個註腳的學術講演，文題叫「當代中國史學的三大主流」。我個人認爲，當今具有世界地位的中國史學，大致有三大主流。第一是從往古的左丘明、司馬遷到今日在台灣的錢穆教授，這一脈相承的中國傳統史學；第二則是在今日大陸一枝獨秀的馬克思主義史學派；第三派則是由十九世紀的西方「漢學」，逐漸現代化和社會科學化而形成的「現代西方中國史學」。第一派在今日大陸、台灣都還有師承；第二派則爲今日大陸所專有；第三派的主力還在海外，台灣也有一部分。

我個人認爲上述三派，長短互見，大家本可截長補短，融會貫通。不幸的是這三派之間，顯然是隔閡甚大。簡直有種各是其是、老死不相往來之勢。我因而勉勵「中國留學生歷史學會」中出席大會的八十多名青年會員們，要爭取做個貫串三派的中國現代史學的「第四主流」——後來居上通吃三家的第四個主流。

海外史家看中國古代史

因爲第四個主流尚在成長期間可略而不論，我們但看上述三家對中國古代和中古史的看法是多麼分歧。分歧固無礙於學術研究，但是各是其是、老死不相往來，就顯得不正常了。——尤其是中國大陸馬克思主義學派和海外現代西方史學派的學術上的「三不通」，實在大有檢討的必要。

治中國傳統史學，中國馬克思主義史學家通常都認爲中國古代是存在著馬恩列史所說的，人類社會發展必經階段的「奴隸社會」和「封建社會」。馬克思主義史學家可說無人不承認這兩個社會在傳統中國的絕對存在。他們所研究的、所討論的焦點，只是兩段時期之中界如何劃分；以及奴隸制時期的上限，和封建社會的下限延長到什麼時代的問題。

至於研究歷史的方法，馬克思主義史學派也側重「階級分析」、「階級鬥爭」這一點，其他方法多無關宏旨。

馬克思主義史學派的實質和方法究竟有多大深度，我不敢妄加斷語，我之所以要請史學界朋友們注意的，則是他們這一派的論點和方法，在其他兩派史學中，未引起嚴肅的反響。傳統史學派對之不聞不問，固無論矣；重點在海外的現代西方中國史學派，也完全置之不理。

舉一淺顯的例子：現在研究中國古代史比較知名的美籍華裔學者如何炳棣、余英時、許倬雲諸教授，他們在各自著作中，對中國史學界曲不離口的「奴隸制度」，竟隻字不提。其他洋學者自十九世紀以下，以至二十世紀八〇年代《劍橋中國史》那一派，也只輕描淡寫而過之。嚴格說起來，也等於是隻字未提。

在大陸上談中國古代史，不知「奴隸制度」那還了得；而在海外，竟對它隻字不提。何以各走極端到如此程度呢？這就值得我們「讀史者」嘆息三思了。

筆者本人不是搞古代史專業的。但是我卻是個通史教師，古代史也是應該熟讀的。作為一位「讀史者」，我對海內外出版品的尖銳對照，不能不感到驚奇。更奇怪的則是我看到雙方各是其是，對對方的觀點與方法，完全漠視，甚或藐視。——這是由於文人相輕的傳統心態在作祟呢；還是學術宗派主義在作怪；或是政治干擾學術有以致之呢？

總之，海內外學術界目前仍然存在著這種互不溝通的情況。自一九七八年中共中央「三中全會」之後，海內外確已逐漸溝通開放，但是在史學界，尤其治「傳統歷史」(traditional history)，在我們讀史者看來，海內外的觀點、方法、理論各方面，仍然是個「三不通」。學術思想如果存在著嚴重的「不通」，則政治、經濟，甚至軍事的「相通」，都是表面性的、暫時性的。這個「文化結」不解除，政治結、經濟結，乃至軍事結是無法消除的。

「尋找眞理」與「證明眞理」

這個文化死結，何以結得如此牢固呢？我們讀者們冷眼旁觀，大致可提出數種假設來。第一是海外史學家對「馬克思主義史學派」牢不可破的成見。一談到馬克思主義，人們立刻便想到「政治掛帥」。他們認爲在馬克思主義治下，一切學術都是替政治服務的。替政治服務的學術，本末倒置，就談不到客觀研究。失去客觀研究的獨立性的學術，還有什麼學術可言呢？所以他們就漠視了。由漠視到藐視，就置之不理了。

第二點則是「馬克思主義史學派」本身的問題。馬克思主義史學家在構思之前，首先便要肯定了一個「絕對」的是非。以人類古代史而論，則「奴隸社會」和「封建社會」都是個絕對的「是」；其他的說法則是個絕對的「非」。是非既然絕對化，則二十世紀的社會科學就被拉回到古希臘詭辯時代，從「尋找眞理」墮入「證明眞理」的框框中去了。眞理既然只許證明，不許尋找，則亞里斯多德的「辯證法」便成爲證明眞理唯一的法寶了。中世紀的「上帝」既可由辯證法證明其存在，則上帝以下的眞理就不必多說了。馬克思主義歷史學中有許多概念，例如「階級鬥爭」，便是中世紀「上帝」這一絕對眞理的延續。概念既然絕對化，只容「信仰」，不許「探索」，則科學就變成了神學。以神學法則，再回頭來探索歷史，社會科學家就不能接受了。在歷史研究逐步走向社會科學化的二十世紀後半期，馬克思主義的歷史學和社會科學的歷史學就格格不入了。由格格不入而相互漠視、相互藐視。彼此各是其是，就老死不相往來了。

這個老死不相往來的怪現象，海內外歷史家都有責任。海外史家的責任是因噎廢食——由於對馬克思主義歷史學武斷作風的不滿而加以通盤否定。大陸馬克思主義史學家的責任則是「反解放」——在一個有四百萬「解放軍」保護之下的偉大國家裡，事事物物（包括農工和婦女）都在追求解放的大時代中，而三十年來歷史學界所追求的卻是個逆流而行的「反解放」。反對歷史學裡的「解放運動」，那就自我封閉；自我封閉，則海內外就不易溝通，乃至老死不相往來了。

「奴隸社會」的實證和反證

在中國古代史的領域裡，最不易解放的便是「奴隸社會」和「封建社會」這兩個關鍵性的概念。

「奴隸社會」在古代中國是否存在？馬克思主義史學派對它的肯定是絕對的。持否定態度的社會主義史學家則被斥爲「托派」；非社會主義史學家，則爲「資產階級史學家」。把這個觀點肯定得牢牢的，當首推郭沫若。郭氏自他二〇年代執筆始至七〇年代病歿止，他對這一古代史的論斷是篤信不移的。

但是郭氏在現代史學上對這個概念只能提出若干不完備的「物證」——根據文獻記載和考古出土的實物作證。可是這些物證並不完備。例如郭氏認爲最大物證便是「人殉」。人殉絕不能證明「奴隸制」的存在。今日有待發掘的「秦始皇陵」，將來開發時可能眞的會發現殉者萬人的遺骸，但是始皇並不是個「奴隸主」。至於爲始皇祖宗所活埋生殉的人——如〈黃鳥之詩〉所悼念的——也不能全是奴隸。

至於郭氏所舉的文獻上的證據，如訓「民」爲「奴」，「屨賤踊貴」以及「奴隸的身價」等等，都嫌支離破碎。總之，零星的咬文嚼字，斷難支持奴隸制的存在這樣嚴重的結論。郭氏死後，新起的年輕學者，其功力可能在郭氏之上，但是他們的研究很多也都在「證明眞理」這個原則上打轉；對郭氏舊說沒有作「尋找眞理」的突破。

再者，郭氏除在文獻上找證據之外，他對「比較史學」上的證據，和「社會科學」上的證據，都隻字未提。

「奴隸制」是一種社會經濟制度。這種社會經濟制度在何種客觀條件之下才能存在、才能發揮生產力？這一點我們就要從「比較史學」入手了。古埃及、古希臘和近代美洲，哪些奴隸制絕對存在和絕對不存在的特徵，都值得我們比較研究。例如近代美洲的奴隸主通常由非洲販賣黑奴。其實他們也曾試驗過就地取材來役使「紅奴」（土著印第安人），和販運「黃奴」（從中國偷販所謂「豬仔」），都沒成功，其故安在呢？外族製造「黃奴」不成，黃人反可自相大規模奴役而不發生暴動和叛逃現象，就不可理解了。——我國古史上無「奴隸暴動」和叛逃的記錄，而「農民暴動」則史不絕書，這一兩極現象，在比較史學上又如何解釋呢？

奴隸是一種不自由的勞動者和生產者。他們是否有家室之累和仰事俯畜之責呢？如果這種牽累、這種職責，由奴隸主代負之，則在何種生產條件下，奴隸主才有何種盈餘可賺呢？由奴隸生產便可只「盈」不「虧」，是爲社會科學規律所不許；只「虧」不「盈」，則誰又甘作虧本交易呢？根據近代美洲的經驗，近代美洲只有「棉作物」這一項才能支持奴隸制，逾此則奴隸工均爲最不經濟的勞力。然我國古代黃土高原上之農作物，均可發生當年美洲「棉花稱王」(Cotton is King)的棉作物之經濟作用耶？這些在比較史學上所存在的問題，郭氏都沒有加以解決。

還有便是利用奴工的大規模集體農場是一種「大規模生產」(mass production)的現代企業。大規模生產要有「科學的」或「相當科學的」管理。但是在人類歷史上，資本主義興起之前，還未見過科學管理大規模生產的記錄呢！總之，這些社會科學上的問題，郭沫若並沒有解決。有一項問題不解決，則奴隸社會在中國的存在則始終只是個假設。奴隸生產在古代中國確有之，至現在仍有殘餘。但是零星的奴工，和以奴工爲生產主力的「奴隸社會」就是兩碼子事了。

「封建」的定義是什麼？

馬克思主義史學中另一有關鍵性的概念便是「封建」了。

什麼是「封建」呢？我們在五四以後所興起的「中國馬克思主義史學派」（著重「中國」二字）裡未找到明確的定義。但是在馬克思本人當年引用這一名詞時，他所視爲當然的應該是中古歐洲所發生的「封建制」。這種中古歐洲式的封建制，根據西方學者的傳統解釋，它只是一種管理的方式，本身並非一種社會經濟制度。在這種制度之下，政治屬從的關係只是皇帝與諸侯、諸侯與附庸的關係，政府與人民之間無直接關係。農民只附屬於土地，而土地則是附庸、諸侯或（直屬於）皇帝的私產。

這種大同小異的管轄制度原發生於中古歐洲。本無確切之制，亦無確切之名。十七八世紀之間的歐洲史家乃把它們取個籠統的名字叫"feudalism"。近代中國知識分子讀歐洲歷史，忽發現中國古代亦有類似的制度。這制度並且有個古老的名字叫做「封建」

。封建者，封君建國也。雖然這一封君建國之制早在公元前三世紀已被秦始皇帝「廢」掉了，但是「封建」與“feudalism”，音既相近，義亦相同。因而這個已有兩千多年歷史的古名，就被正式借用，作爲那只有二百餘年的今名“feudalism”的正式譯名了。所幸二者音義之間，都能巧合。

可是在二、三〇年代裡，當「中國馬克思史學派」迅速發展之時，「封建」一辭便逐漸變質了。最後它竟變成了所有古老而落伍的一切壞的風俗習慣的總代名詞。時至今日，在「中國馬克思史學派」的辭彙中，所謂「封建」顯然既非中古歐洲的“feudal-ism”，也不是中國古代封君建國的「封建」了。它變成中國馬克思主義者微受蘇聯影響而特創的一個新名詞。

爲肯定這個非中非西，更無明確定義的新名詞，郭沫若曾用了極大的力量，深入考據，以證明其存在，並把它和奴隸時代的分界線劃於春秋戰國之間。「封建時代」的下限則被延長到清末；「半封建社會」則延長到一九四九年。

呢？

「中央集權文官制」的形成與特性

中國自戰國而後直至「解放前夕」兩千數百年，是否都應歸併於「封建社會」之內呢？

「中國傳統史學派」不以爲然。因爲他們根據傳統的「封君建國」的定義，認爲中國的「封建制」早在公元三世紀已被秦始皇「廢封建、立郡縣」時廢掉了。兩千年來取封建而代之的是一種「郡縣制」。郡縣制是一種文官制度。

「現代西方中國史學派」於此亦有同感。他們以西方中古時期的歐洲封建來比較研究，也認爲中國封建制只盛於西周，而衰於春秋。至戰國已開始崩潰，最後爲秦始皇帝所全「廢」。在中國古代，代替封建而起的制度是一種「中央集權」的官僚體制(centralized bureaucracy)。

「文官制」（或官僚制）與「封建制」之別在於，文官是中央政府定期任免的公務員，而封君則是「世襲罔替」的一種私有土地財產的所有者。這些封君在不同的方式下受封之後，他們對上級主子要盡各種義務，如進貢、防邊、籌餉、力役……等等。但是主子們對他們則不能隨意任免或干涉他們內部的管理事務。

秦亡漢興之後，漢初採一國兩制，「郡」、「國」並存。往古封建制曾部分回潮。七國亂後，海內王侯之國就徒擁虛名了。自茲而後，這種秦漢模式的中央集權文官制，竟沿用兩千年未變。直至今日國共兩黨在政府組織上，都還承襲著這一古制。

毛澤東有一句詩說：「千載猶行秦法政。」這句詩的含意大體是正確的。只是民國以後的北洋政府和國共兩黨，對古老的「秦制度」自加修正，卻遠不如大清帝國正統的「秦制度」那樣完善罷了。

從單純的政府制度來看，中國傳統的中央集權文官制經過兩千多年不斷的改進，到滿清時代，可說是十分完善。民國以後的黨人罵盡滿清制度是如何腐朽，其實公正的歷史家如平心靜氣的細加分析，在制衡分工、科舉考試、官吏任免等等很多方面，國共兩黨的政府都不如遠甚。主要的原因便是歷經兩千多年慢慢改進出來的制度，不是三言兩語的咒罵就可以全盤否定的。要造福生民，爲萬世開太平，也不是一紙大綱或主義就可以製造奇蹟的。

從比較史學上看，這種中央集權文官制亦非中國所獨有。英帝入侵前的印度蒙古王朝（Mogul Empire，或譯蒙兀兒王朝、莫臥兒王朝）所行的也是這一制度。只是他們歷史太淺，始終沒有發展到中國制度那樣有高度技巧的化境就是了。

這兒筆者要加重說明的，是「中央集權文官制」與「封建制」在歷史上是兩個階段，在政治作用上也是風馬牛不相及的。「中央集權文官制」是在歷史上取代「封建制」，而比封建制更高一級的政治形式。

「封建制」是一種從「部落主義」(tribalism)演化出來的職責不分、組織鬆散、以封君個人爲中心的一種原始性的部落制度。而「中央集權文官制」則是具有嚴密組織、職責分明、效率卓越、法則燦然的高級文明中的政治制度。它和落伍、原始的封建制是不可同日而語的。郭沫若先生把這兩個制度混爲一談是錯誤的。郭氏因爲對比較史學和社會科學沒有興趣，就看不出兩者之間的分別了。

「重商主義」和「輕商主義」

至於我們中國的傳統中，何以在「封建制」崩潰之後，未能——如馬克思所想像的——產生個「資本主義」；而卻產生了這樣一個「秦制度」來？並且一走兩千年，至今不衰呢？

原來人類歷史發展的方向是受無數種客觀和主觀的因素綜合支配的結果。馬克思所想像的，只是其中的一面。

人總是人。他從個體的食色開始，在團體生活中是具有馬克思所說的共同面(uniformity)的。中古歐洲的白人社會生活中曾產生過一種「封建制」，往古東亞的黃人，也曾建立過一種類似的「封建制」。可是歐洲在封建制崩潰以後，卻逐漸滋長出一個「城市中產階級」(urban middle class)，從而滋生出一種「重商主義」(mercantilism)。由重商主義又導引出個「資本主義」來。

可是古代的中國，在封建制崩潰之後，卻沒有產生出城市中產階級，更沒有重商主義，當然就更產生不出資本主義了。相反的，在中國卻產生了一個「輕商主義」。輕商主義嚇阻了滋長中的城市中產階級。沒有城市中產階級，資本主義也就無從產生了。

這樣一件比較史學上的強烈對照，馬克思只看到西方的一面而忽視了東方的一面。郭沫若則對東西之別未加理睬，便把西方白人的歷史經驗，鑿枘不投地安裝到中國歷史裡面去了。

「國家強於社會」和「輕商主義」

「輕商主義」這個辭彙不是筆者胡亂地造出來標新立異的。它是兩千多年前就早已存在的歷史事實。公元前四世紀商鞅變法的口號便是「強本抑末」。本就是農業，末就是工商業。「抑末」便是「輕商主義」，和做生意的人過不去。

商君遭車裂後百餘年，秦始皇受了「強本」的實惠而統一了中國。統一之後，他對輕商主義之推行更變本加厲，把天下富戶盡遷於咸陽而加以管制。

始皇死後，漢承秦制，輕商主義未稍改。至漢武當國，更把商賈打入「四民之末」，國家政策上也正式講明了要「重農輕商」。漢武死後，國中工商界在大將軍霍光翼護之下要求平反，要改變這個傳統歧視工商的政策，並搞出個反抗鹽鐵專賣的大辯論（內容見《鹽鐵論》）。但是政府不容平反，做買賣的還是被鎮壓。這一壓，壓了兩千年不許翻身。

我們讀歷史的翻書至此不免掩卷一問：這些「略輸文采」卻威震天下的秦皇漢武們，爲什麼偏要對那些做小買賣的過不去呢？這個答案在比較史學上也可略尋一二。因爲主張重農輕商的政治家，並不止於我們秦皇漢武和桑弘羊大夫呢！兩千年後美國的開國元勳之一，後來成爲民主政治聖人的傑弗遜總統，也是堅持相同主張的。我們試翻《鹽鐵論》的英譯本，以之與傑弗遜和美國資本主義之父的漢密頓對工商政策辯論的原文相比，便發現二者之間所用的字句幾乎都相同的。——桑弘羊大夫的立場，也就是傑弗遜總統的立場。雖然桑大夫比較看重國防經濟這一面，而傑總統則稍偏於社會道德的另一面。

所以從往古的中國到近代的美國，「重農輕商」的觀念和政策，都是未可厚非的。問題是出在爲什麼古代中國這政策可一行兩千年，而現代的美國傑弗遜試行之，卻及身而敗——美國史家曾笑傑弗遜，在對漢密頓辯論中「贏了仗，卻輸了戰爭」。

長話短說。古代中國之所能貫徹其重農輕商政策，而今日美國反而不能者，便是桑弘羊大夫的背後有一部，具有雷霆萬鈞之力的中央集權的專政大機器。它可以強制執行任何「政策」！豈但是「重農輕商」？它甚至可以搞罷黜百家、獨崇儒術，搞一國兩制或一國一制；甚至三面紅旗、人民公社……等等，亦無往而不能。國家有駕馭人民的絕對權力。驅之東則東，趕之西則西，人民無不俯首聽命。一紙中央文件，便可把國家政策落實到底。

在這種權力集中的「秦制度」裡，不特中央政府有無限權力；一品大員的州牧郡守、七品小官的縣令知事；乃至不入品流的幹部小吏，無不對人民享有各自職權內的絕對權力。

桑弘羊大夫所倚賴的這部國家機器，事實上是個權力金字塔。大塔之內又有無數體積不等的小塔，上下相連，層層節制。下級服從上級，全國服從中央。在這樣一個金鐘罩、鐵布衫的嚴密控制之下，幾個小鹽商小鐵販，只是少數釜底游魂而已，「資產階級」云乎哉！

不特此也。爲著貫徹政策、垂之久遠，政府還要在學術思想上下功夫、找理論。庶幾權力與思想相結合，雙管齊下，把士農工商的階級觀念，嵌入人民靈魂深處，使其變成永恆信仰和生活方式，千年不變——這一點「略輸文采」的秦皇漢武，也眞的做到了。

此一傳統中國所特有的歷史發展，史學家試圖「概念化」之，乃名之曰：「國家強於社會」（以別於西歐、北美傳統中之「社會強於國家」）。社會發展，一切聽命於國家。國家是個頤指氣使的老太婆；社會是個百依百順的小媳婦——借用一句馬列主義的術語，我們也可說社會型態是國家的「上層建築」吧！明乎此，我們就可以瞭解桑弘羊大夫在鹽鐵專賣政策中的致勝之道了。

但是我們也應該知道，桑大夫這部無山不移的國家大機器，原是用來防制工商業發展的。它是否也可反其道而行，來振興工商業，搞經濟起飛，就是另一問題了。

「主觀意志」抵銷「客觀實在」

回頭再看傑弗遜總統的重農輕商的政策何以行不通呢？那就是傑弗遜總統缺少了桑弘羊大夫那部國產的中央集權國家大機器。他只有一個「三權分立」的民主聯邦政府。民主政府專不了政，則人民就可自由行動。人民有了自由就沒命的向錢看。如此則中產階級和重商主義就要抬頭，資本主義就要出現，傑大總統的重農輕商思想也就落空了。

美國制是「英美傳統」之餘緒。在早期英國，乃至整個西歐，這一社會現象之發展實更爲嚴重。馬克思就是看中這個西歐經驗，認爲重商主義和資本主義之出現是個「必然」的趨勢；在唯物主義哲學上是個「客觀實在」。人類對資本主義這個惡魔既不能防之於前，就只有補救於後，這就是馬克思主義的主旨所在吧！

殊不知馬氏所看出的社會發展上這個「必然」是有個先決條件的。這個先決條件便是「國家」管不了社會。如果國家權力強大到上節所述秦皇漢武時代的中國，這個「必然」也就不成其爲必然了。

馬克思生前足跡未逾西歐，研究範圍更未及於中國。他決未想到他們唯物主義者在社會發展中所發現的「客觀實在」，可以被古代中國裡幾個唯心主義者的「主觀意志」所抵銷。董仲舒、公孫弘、桑弘羊等幾位儒生的七扯八拉之言，和劉徹皇帝的一紙橫蠻無理的詔書，就可把山雨欲來的中國資本主義消滅於無形。

再者，馬克思死後，北美、西歐社會發展的現象，也非他始料所及。他沒有想到資本主義也可以修正。勞資可以兩利，不一定非鬥得你死我活不可。總之，社會科學在二十世紀中發展得太快了。它不是十九世紀一些直線條的社會思想家的思想所能籠罩的。列寧篤信馬克思主義，他把階級鬥爭說發展到最高峰，創造了蘇聯模式的無產階級專政。毛澤東師法馬列、祖述秦皇漢武，把中央集權的國家大機器發展到超越秦皇漢武，遠邁列寧、史達林的最高境界。一機在手，因而毛公也就可以無所不爲了。

「國家機器」是中產階級的剋星

這部國家機器在某些方面的確是萬能的。但是天下哪就眞有萬能機器呢？在運作方面它也有它的死角——這死角便是迫使中國「落後」的基因。

須知我們這部無敵大機器原是爲搞「重農輕商」而設計發明的。它的不斷維修、不斷改進，也是向相同目標前進的。既然重農輕商，防制資本主義之出現，這部機器鎮壓和鏟除的主要目標，便是「城市中產階級」。因此它的歷史任務便是：㈠預防「城市中產階級」於其出生之前；㈡誅鋤「中產階級」於其萌芽之期；㈢摧毀「中產階級」於其成長之後。

這樣一防、一鋤、一摧，搞了兩千年。在這部大機器的運作之下，我們這個中華農業大帝國，就永遠不會產生「城市中產階級」了。

對比較社會史學缺乏興趣的朋友們或許要問，中國傳統的「大地主」，豈非「中產階級」哉？曰：非也。傳統大地主者，職業官僚或候補官僚之養老院也。若輩聰明伶俐之兒孫則職業官僚靑幹班中之受訓靑年也。在學靑年均爲職業官僚(professional bureaucrats，著重「職業」二字，若輩除做官之外別無謀生之術）之候補。而職業官僚則又爲獨裁專制帝王之鷹犬也。

中國傳統帝王一向優容，甚至鼓勵大地主。第一，大地主爲職業官僚告老還鄉的「安全塞」(safety valve)，亦爲候補官僚儲才之所。第二，中國歷史上無地主造反的史例，這群面團團的富家翁，向不妨害公安。第三，中國「獨子繼承制」(primogeniture)只行之於家天下者，而不行於天下有家者。父死財分，再加個多妻制，則土地集中的禍害只是革命家想當然耳了。靠證據講話的社會史家，對此未找出充分的證據來。中國傳統的小地主通常也只是飢餓邊緣的「小貧」;搞土地集中的大地主，幾乎是清一色的「官僚地主」，無功名的自耕農和小地主無份也。官僚們「一代做官、三代打磚」，他們子孫形不成階級、搞不了政治，他們不是中西比較史學上所說的「城市中產階級」。我們的「城市中產階級」二千年來可以說被上述那部國家大機器碾斃殆盡。現代剛一萌芽，又被肅反肅掉了。

工業化、現代化少不了「城市中產階級」

我國歷史上缺少個「中產階級」，豈足惜哉？曰：不足惜也。相反的，那正是我們值得驕傲的地方。兩千年來，我們這個農業大帝國光輝燦爛的文明是舉世無雙的，也是舉世欽羨的，但是時至今朝，我們要搞經濟起飛、工業化、現代化，就感到捉襟見肘、積重難返了。因為在現代世界經濟史上，搞工業化、現代化眞能搞到「起飛」程度的，只有一個事例——他們都是由一個城市中產階級領頭搞起來的。西歐、北美帶動於先，日本踵隨於後。近時崛起的「四條小龍」（新加坡、香港、南朝鮮、台灣）也不能例外。

我們祖國大陸，地大物博，人才濟濟，而蒙「落後」之惡名，其主要原因似亦在此。大陸上搞現代化、工業化、富起來、翻幾翻……萬事俱備，就只欠「城市中產階級」這陣「東風」。除非國內領導人能打破比較史學上尚沒有的成例，搞出一個沒有中產階級的工業化、現代化來，則這陣東風似乎還是無可避免的。

使少數人先富起來，在經濟特區中搞點加工，而無強大的、自發自勵的城市中產階級崛起之遠景，則這點點小市民企業，還是起來不了的。最後還不免是個「娘娘腔」，唱不了大軸戲。

至於中國能否搞出一個「沒有中產階級」的工業化、現代化來？中國或許可以自創，但是人類歷史上至今還無此事例——蘇聯自新經濟政策以後已搞了六十年，國防工業之外，別無可頌之道。戈巴契夫檢討過去，如今連列寧的遺像也給搬掉了，而回頭來搞鄧氏的開放。中國以前效法蘇聯搞了三十多年，也覺今是而昨非，回頭搞起了「個體戶」來。什麼是個體戶呢？個體戶就是「城市中產階級」的細胞。這種細胞在秦漢時代曾一度擴張、興風作浪，幾至不可收拾。呂不韋這個個體戶竟然打入秦皇的宮廷裡去，自己做了相國，兒子做了始皇帝。

漢王室爲自保江山，看出經濟企業上這種個體戶之可怕，在武昭宣三朝，就把他們壓下去了。

但是漢大夫壓個體戶是有限制的。他允許個體戶各個「先富起來」，但你絕不許形成個「階級」。縱使是許你「先富起來」，你富成了「揚州鹽商」，乾隆爺還是要查抄你的。

所以搞點「先富起來」的個體戶經濟，我們已一搞兩千年，始終是個娘娘腔，搞不出現代化的企業，搞不出「四條小龍」式的「經濟起飛」，對日本已望塵莫及；對美國就更在想像之外了。

這些經濟上先進的國家和地區的繁榮，無一而非起自少數「先富起來」的「個體戶」；個體戶多了，便形成政治勢力，成爲「城市中產階級」；城市中產階級擴大成爲社會上的「多數」，吸收了農村餘民，也就導致農村的中產階級化。等到一個國家上中下階級的區分變成「棗核」形，兩頭小、中間大，那就變成「中產階級專政」的局面了。

美國今日年入十萬美元的家庭不足全人口的十分之一；年入一萬二千元以下的也不過百分之十三。總而言之，則美國家庭收入在萬元以上，十萬元以下者多至全人口百分之七十七有奇。全人口「人均」收入多至一萬五千元，美國就成個不折不扣的「萬元戶」的中產階級專政的局面了——全民衣食足，禮義興。社會不平，以法節之，這樣便使今日美國變成世界上最大的「福利國家」(welfare state)，全國每年用於救濟鰥寡孤獨、貧窮失業的「救助金」，實超過其他各國，包括全部社會主義國家的總和而有餘！其貓狗食人食（肉類），亦超過中印兩國人食肉類的總和！

「福利國」不是「社會主義國家」；但是二者對貧苦人民的照拂，卻前者超乎後者。所以國家富強、人民康樂，以全國生產毛額的多寡爲第一要務。「人均」收入提高，「分配」是次一步，也是並不太重要的次一步。孔子說「不患寡而患不均」，這是農業社會中全民都在飢餓線上的講法。中國大陸過去三十年中的許多問題，都是孔夫子這句在二十世紀並不實用的話所引起來的。孔子反對法治，因爲法可以使「民免而無恥」。其實他老人家所反對只是樸素的「刑法」。

孔子又提倡禮教，認爲一切社會行爲要「以禮節之」；個人修身也「不如好禮」。禮事實上則是與樸素的「民法」相關之一環。孔子生在農業經濟時代，一切以不成文法的「禮」來「調節」，就足夠了。在一個複雜的工商業社會裡，法治就不可避免了。

所以在一個中產階級主政的國家，與生產發展並駕齊驅的則是衣食足（經濟）、禮義興（教育文化），接著才有法治和民主。

可是「城市中產階級」並不是天上掉下來的，也不是反動派製造出來和無產階級對抗的。相反的，它是由於經濟發展，把無產階級逐漸提升上去的。今日家庭收入超過一般知識分子的美國產業工人(industrial workers)，早已不是無產階級——他們是不折不扣的中產階級的勞動者，也是美國反共的主力軍。

近三十年來「城市中產階級」在亞洲「四條小龍」中的崛起，也是筆者這一批海外學人所親眼見到的。不算什麼稀罕。

結論：沒有求證的假設

所以我們祖國大陸「落後」的主要問題無他，缺少一個自發自勵的中產階級故也。然則大陸上能否步台、港、南韓、新加坡後塵，扶植起一個「城市中產階級」呢？

不願在中國扶植一個「中產階級」，我們這個「秦制度」有沒有他途可循呢？這兩點便是筆者拙文中，不願亂作結論的大膽假設了。

關於前一點，國中領導階層本有意爲之，但行起來至爲不易。須知大陸這個自商鞅而下一脈相承的中央絕對集權的「秦制度」，至毛澤東主席治下已登峰造極。這一制度原爲鋤滅中產階級，打擊工商發展而設計的。現在怎可搖身一變，於旦夕之間就成爲振興工業，扶植中產階級的保母呢？這是以子之矛、攻子之盾。安有善果？

中產階級的初期工業化的必要條件是減少管制、大幅開放——美國當年所謂「最好的政府，就是最不管事的政府」是也。中國這個鐵桶一般的「秦制度」，管人及於床笫之私，它何時才能開放到容忍中產階級崛起的程度？吾人不知也。大幅開放與減退管制(de-control or de-centralize)，其以九七後之香港為試點乎？否則那個燙手山芋如何掌握？

但是截至目前為止，中國當軸似尚無絲毫意圖，來變更那個「以吏為師」的「秦制度」老傳統。在這個老框框裡，能否搞出個工業化、現代化來——脫胎換骨，吾為中華民族創造歷史的智慧，馨香以祝之。

*一九八七年九月二十八日脫稿於紐約

一九八七年在西安「周秦漢唐史學研討會」宣讀之論文

原載於台北《傳記文學》第五十二卷第二期

五、中國郡縣起源考（附跋）

——兼論封建社會之蛻變

斯文曾由顧師頡剛函囑送交《文史雜誌》發表。嗣以離渝匆匆，遂辱所命。茲檢行篋，復得舊稿，烽煙無定恐復失之，用付刊末，亦自珍其帚云爾。

我國地方政治的郡縣實二級制。自秦代實行以來，以至今日的地方政治制度仍不脫其範疇。至於郡縣制之創立也，後人咸謂秦始皇廢封建置郡縣，或有推源到戰國以前，謂即已見其端倪者，是皆史有可徵，前賢論之審矣。然於郡縣之何以形成則鮮有論及者。吾人敢斷言郡縣制度之成立也，斷非由於一二先知先覺的政治理論家事先立說創制於前，然後始有郡縣者。換言之，則郡縣之起源勢必由於人類社會生活逐漸演變之結果，今試就其演變之程序一申論之。

農業社會初期的人與地

竊以封建社會之形成與夫郡縣制度之確立，其必發生於土地私有觀念產生之後蓋可斷言，蓋人類既逐漸脫離遊牧生活而進化至農業社會則土地始漸被重視。然方其始也，黃河流域沃野千里，而人口稀少，但須稍加墾殖則所在皆爲良田。任何部族酋長皆可擇其最肥沃最至闊之土地率其人民耕之。至於劃成井田亦自無不可，且由於土地之邊際價值(marginal value)過低，人之對於土地亦不會生私有觀念。各部落劃地而耕彼此間無利害衝突。雖有強者亦毋須侵奪弱者土地。即或有恃強凌弱者，而被壓迫者亦可遷而去之不必與之抗爭。好在生存空間不發生問題；人民只要不過分懶惰則樂歲終身飽，凶年得免於死亡。

且看「古公亶父復修后稷公劉之業，積德行義國人皆戴之。薰育戎狄攻之欲得其財物，予之。已復攻欲得地與民，民皆怒欲戰。古公曰：『有民立君將以利之，今戎狄所以爲攻戰，以吾地與民，民之在我與其在彼何異？民欲以我故戰，殺人父子而君之，予不忍爲。』乃與私屬遂去豳，度漆沮，踰梁山止於岐下。」（《史記・周本紀》）古公固然是不好多事的長者，然他所以敢如是慷慨者，主要的原因還是有岐下可遷。不求聞達於當世，一樣可以自耕自食，無求於人。

土地既不會生問題，則當時部落間競爭的主要對象不在「地」而在「民」。誰能擁有大量民衆，誰就能稱雄當世；誰就能富甲天下。古公長者，他看穿了「民之在我與在彼何異」，而一般野心家的酋長則要努力抓得大批民衆爲自己部屬。然當時既無國籍限制，人民又無若何笨重的不動產，耕地所在皆是，因之他們可隨心所欲，任意遷徙，對於所隸部族亦無若何束縛，可去可留。如有酋長不得人民歡心，則其部屬便可相率逃去。所以古公至岐下而「豳人舉國復扶老攜幼，盡歸古公於岐下。」（見同上）薰育莫如之何。更有甚者，「旁國聞古公仁，亦多歸之。」（同上）是皆可想像出來，諒非史遷臆說。因之當時部落酋長絕不敢開罪民衆，相反地他爲著吸取民衆，反要取悅人民，因之乃有所謂「仁政」興焉。誰能行「仁政」得到人民好感，誰就能口碑載道遠近來歸，誰就可富強起來。此遺風至戰國時猶未全泯，梁惠王的心理便是如此。他問孟子說：「

寡人之於國也，盡心焉耳矣：河內凶，則移其民於河東，移其粟於河內。河東凶亦然。察鄰國之政，無如寡人之用心者，鄰國之民不加少，寡人之民不加多，何也？」（《孟子．梁惠王上》）他這是在利用「仁政」爲爭取民衆的手段呢！

再看「孔子過泰山側，有婦人哭於墓者而哀。孔子式而聽之；使子路問之曰：『子之哭也，亦似重有憂者。』曰：『然，昔者吾舅死於虎，吾夫又死焉；今吾子又死焉。』曰：『何爲不去也？』曰：『無苛政。』」（《禮記．檀弓》）可見在春秋時期，「去」——遷徙——的問題還甚簡單，主要的還是以政治爲轉移。

以故上古部落酋長，唯一自謀發展勢力之道便是爭取民衆，而「仁政」便是爭取民衆的手段。部落間的競爭，也只有競行仁政。誰行得最有成效，擁衆最多，誰就可以爲天子。且看三代後人，皆能說出一套他祖先如何「行仁政」的歷史來。至後來子孫不肖得意忘形，失去了人民好感，因之其部屬又相率亡去，其勢力遂日益式微，結果由另一位仁政行得最得法的酋長，取而代之。故周武王伐紂，初會孟津時，諸侯皆曰：「紂可伐矣。」武王曰：「女未知天命，未可也。」直至「紂殺王子比干，囚箕子，太師疵少師彊抱其樂器而犇周。」（《史記．周本紀》）衆叛親離部下逃得差不多了，於是武王一舉而滅商國，代爲天子。

故行仁政是農業社會初期政治的特色。那時代才是眞正的民本主義的社會，人民有絕對自由的生活，絕對自由的意志，他們日出而作，日入而息，各自爲著他的快樂生活而操作；他們無求於人也無害於人。可想見當朝暾初上，荷鋤頭，唱山歌，是怎樣的一個自由快樂的世界，那確是眞正值得我們懷念的原始社會。流傳所及，到後來儒家感世道陵夷生靈塗炭，未免益增思古之幽情，於是一開口便是堯、舜、三代，崇先聖而薄後王，盡量地恭維前人，使他們成了理想化的人物，而想復興三代之盛。可見他們未能瞭解人類經濟生活發展的程序，未能把握住時代，結果奔波一生也只是「知其不可而爲之」聊以盡心焉而已。難道後王的本質上，就比先王壞？試看戰國時宣傳仁政最力的大師孟軻亦何嘗不受諸侯的熱烈的歡迎；然他的仁政終究行不通。老實說，至戰國，「行仁政」的時代早成過去，其結果是「天下莫不與之」，或者是因此而被鄰國侵滅，卻大有懷疑的必要。

土地私有與封建

可是後來生殖日繁，耕種技術亦隨之進步，由粗淺的自然播種進而發明耒；由人耕進化至牛耕。土地大量的被利用，荒地日少。因之土地的使用漸漸地感覺不自由。人民各擇沃土以居，最後雖荒山大澤亦漸被利用，誰能捷足先登據有一塊沃壤，簡直是天之驕子。至後來雖求得一塊瘦瘠亦屬不易。因之人民乃據土地爲不動產之一而安土重遷了。土地漸漸地感覺不敷分配，兼以地形的限制，井田制之不能再實行，亦是意料中事。

至是但有土地便不愁沒人耕種，因之野心的酋長們所愁的不是寡民而是國小。彼此間爭奪對象轉移至土地上去。國家遂由以人民爲主體一變而以土地爲主體矣。國君——也就是部落酋長，爲著擴張國土，不惜剝奪人民的自由以配合他開疆拓土的野心；暴虐無道的更不惜奴役人民以供一己淫樂。蓋已無需乎再取歡民衆，而人民雖稍感苛政的虐待，亦不敢輕言遷徙了。自是以後遂不復再有仁政矣。

因之土地乃漸漸地變爲私有。小而言之人民私有，大而言之國君私有。土地私有的觀念既成立，眞正的封建制度乃繼之以起。跋扈的野心家乃思侵奪他人土地以實一己私囊；或劃地以封功臣親戚，役其地人民為農奴。至周初時，已屆成熟時期，周武王乃集封建之大成。《荀子・儒效篇》說：「周兼制天下，立七十一國，姬姓獨居五十三人。」太史公估計姬姓諸侯有五十五人（《史記・漢興以來諸侯年表》），考其封土所在地，多在王畿附近的沃壤。其封異姓諸侯泰半屬於不得已，其有古聖先王之後者如封神農之後於焦；黃帝之後於祝；帝堯之後於薊；帝舜之後於陳；大禹之後於杞；殷之後於宋……等。史說是「武王追慰先聖王」，實則不過是一種弭謗用的文過飾非的手段而已。其外便是同平天下立有汗馬功勞的功臣亦不得不封。然異姓諸侯所封多在邊圉，甚或指定某一塊未經征服的土地，開一個空頭支票封予之，令其自己去經營，如封齊便說：「五侯九伯，女實征之。」（《詩經・齊風》）任其自己去發展。召公奭之封於燕亦是如此。至於後來的秦則更不用說了。周人為犬戎所逐，平王東遷時對秦襄公說：「戎無道侵奪我岐豐之地，秦能攻逐戎，即有其地。」與誓封爵之。（《史記・秦本紀》）後來秦文公逐戎，遂收周餘民有之。地至岐，岐以東獻之周。他們皆是獨力發展而蔚成大國的。

其另外一種異姓諸侯，即是本有其國，實力亦相當強大，周人鞭長莫及，奈何他不得，只得就其地加封之，如楚如越皆是也。天子賜楚侯胙曰：「鎭爾南方夷越之亂，無侵中國。」（《史記‧楚世家》）楚地千里，周武王是無奈他何的。

周之前可以想見，所有部族皆各自獨立，不過以商國較強大戴爲共主。其餘仍各王其國，周武王伐紂猶稱商國，武王至商國，商國百姓皆迎於郊，固無所謂王畿也。「溥天之下莫非王土」（《詩‧小雅‧北山》）是武王蕩平天下以後事。周武王既把天下土地率數征服，然後重新分配給自己子孫及少數功臣親戚，不用說那會於孟津同舉大義的八百諸侯皆遭了走狗之烹。他蕩平了天下諸侯，才開始大規模的封建起來。蓋封建演變至是已達成熟時期，而周武王正是應運而生的跋扈英雄。他的底定天下實行大規模地封建，與秦始皇之統一天下大規模地實行郡縣制同樣地是一個劃時代舉動。他與秦始皇可說是前後媲美的兩位野心家，他們是同樣的自私與跋扈。可是他的子孫畢竟蒙惠不淺。世世不絕的對他們祖先歌頌不已。七廟之中文武二廟永世是神聖的。把他恭維成理想中的標準聖人，以故數百年後的儒家亦爲其宣傳所蒙蔽，竟以文武與堯舜同列。其實以儒家的道德觀來衡量，則他與秦始皇是同樣的罪人。雖然在民族發展史上他們是據有著不可磨滅的功績。

封建的渣滓——縣

周武王既削平諸侯，據天下土地爲己有，當然他可任意的宰割，於是他除劃出一部最上乘的土地作爲王畿外；餘下的率以封人，但爲防諸侯的尾大不掉，封地既不能過大，又不願多封異姓。再者爲防「不能與老兵同列」的爭執，資望不足者又不能濫封。結果可封之地多而有資格受封者少，因之有許多地方既非王畿又無適當的人可封。則這些待封之地暫時是懸而未決。且看當時的河東丘陵地——唐，即是懸而未決者之一。蓋唐形勢險要逼近王畿。在當時既無適當人選可以封唐，倒不如懸之爲愈，至成王即位始封與胞弟叔虞。然則在小弱弟未受封以前，則唐不能爲無政府狀態。勢必有人暫時負責治理其地。這種既經征服之地，將封予誰，尙是懸而未決，故曰「懸之」。是當即「懸」之起源。這在周初不過是一時受封者無適當人選，暫時懸之，終必封人，是一時權宜之計耳；演變至後世，遂成爲定制，而「懸」遂爲政治上的抽象名詞了。

◎「縣」字釋義

考我國用作地方政治的區劃的抽象名詞，其字形皆从邑。如「邦」「郡」「都」「

鄉」「鄙」「郊」「郭」「鄰」……皆从邑爲形聲字。古者謂城曰邑，甲骨卜辭記有「王作邑，帝若」（《契墟書契後篇・卷下十六》）。又曰「大邑商。」《詩・大雅》曰：「既伐於崇，作邑於豐。」是皆名城曰邑，後乃泛以名地，《左傳》凡稱人曰大國，自稱曰敝邑；又凡邑有宗廟先君之主曰都，無曰邑。是皆無定稱。敝邑者即泛指敝國或敝地也。《說文》：「邑，國也」實則泛以名地方者也。故凡地方政治的區劃的抽象名詞皆从邑。

唯「縣」則不然，《說文》：「縣，繫也。从系持縣。」縣即古「懸」字。本爲會意字。段玉裁《說文》注曰：「自專以縣爲州縣，則別製从心之懸掛，別其音縣去懸平，古無二音也。」故與郡縣之縣義毫無所涉，其用作郡縣之縣則純爲假借字，本非用作政治上抽象名詞用者。殷墟卜辭自盤庚至紂二百餘年間，未見有以縣字作政治上名詞用者。故可斷定「縣」始於西周，義爲「懸之」，非定制也。古人亦有釋「縣」義本爲「懸」者。段注《說文》引《釋名》曰：「縣，縣（懸）也；縣（懸）於郡也。」是爲先儒臆說。縣縣於郡，是秦始皇以後事，而縣之制早見於春秋，斷不可以縣於郡而始名曰縣也。或有釋縣爲鄙者；以古者國之都爲首，都之外曰鄙或曰縣，縣於本土之上也。是說亦嫌牽強。如楚之「實縣申息」（《左傳·哀公十七年》）「因縣陳」（《左傳·宣公十一年》），如秦之「伐邽冀戎初縣之」「初縣杜鄭」（《史記·秦本紀》）等，是縣字皆作動字，若以之與鄙字同解則未免牽強矣。

◎春秋時的縣

至春秋時諸侯強弱兼併，國土日廣。其滅人小國懲王周封建之失不願以之分封附庸。然疆土漸闊，則舊有統制機構漸感不靈便。因之亦師王室遺制，滅人小國則亦縣之。使人暫時治理其地，名其官曰「縣尹」或「縣令」或「縣公」或「縣大夫」。懸之終不決，縣長官迭相更換而縣如故，日久縣乃爲定制矣。故春秋時之縣唯大國有之。多爲毀人國家而縣之者，如魯莊公十八年「楚武王克權，使鬥緡尹之。」又宣公十一年「（楚莊王）遂入陳；因縣陳。」昭公八年「楚公子棄疾帥師滅陳；使穿戌封爲陳公。」昭公十一年「楚子滅蔡；使棄疾爲蔡公。」哀公十七年「彭仲爽申俘也；（楚）文王以爲令尹，實縣申息。」（《左傳》）是皆楚王滅人社稷而縣之；以家人或俘虜爲其縣長官之事實。嬴秦亦復如是「（秦武公）十年伐邽冀戎初縣之。」「十一年初縣杜鄭。」（《史記·秦本紀》）亦均夷人之國而縣之，其縣則終不決矣。至於中原霸主的晉國，且有奪大夫之田爲縣者，「魏獻子爲政，分祁氏之田以爲七縣，羊舌氏之田以爲二縣。」（《左傳・昭公二十八年》）然晉雖縣之但仍可賞人；晉襄公即曾「命先茅之田賞胥臣。」（《左傳・僖公三十三年》）「亦賞士伯以孤衍之縣。」（《左傳・宣公十五年》）後來椒舉犇晉，晉侯（平公）亦「將予之縣以比叔向故國。」（《左傳・襄公二十六年》）晉的縣尚保有古代遺風。然後來六卿坐大，終分晉國，與此自有連帶關係。

　　齊亦有縣，唯其區劃極小，故其封與人之縣動輒以百十計。今可考者如「齊侯鐘」（叔夷鐘）銘文曰：「公曰，夷……女肇敏於戎功，余錫女釐都𦞤𠠣，其縣三百」。又如齊景公謂晏子曰：「昔吾先君桓公，予管仲與穀，其縣十七，以爲子孫封邑。」（《晏子春秋》）是則桓公時代齊已有縣。孔子亦說管仲「人也奪伯氏駢邑三百，飯疏食沒齒無怨言。」（《論語・憲問》）又如「子仲姜寶鎛」（𦅫鎛）銘文曰：「陶革叔又成縈於齊邦。侯氏錫之邑二百又九十又九邑。」是所謂邑當均指縣而言也。觀齊之縣制已異於上三者矣。

　　至吳國坐大，擬北上與中原諸侯爭霸時亦已有縣制。「王餘祭三年，齊相慶封有罪自齊來犇吳。吳予慶封朱方之縣以爲奉邑，富於在齊。」（《史記・吳世家》）觀此則吳之縣亦可以封人也。

綜觀春秋時之縣，唯晉、楚、秦、齊、吳等大國有之，類多侵滅四鄰小國而縣之者。至於小國雖亦有兼併鄰邦，然則未聞有縣之者。要之蓋諸侯國土漸龐大，侵滅滋多，既不願以之分封附庸，然土地日拓，舊有中央直接統制之機構漸感不便，因之不得不另設地方長官以治之。故有縣尹、縣令、縣公、縣大夫之置，使其成爲獨立的地方政治單位而直屬於中央。故春秋縣之設立可目爲中國有獨立機構的地方政治的開始。至於小國地本狹促，兼併他邑稍事擴張，於統制上亦既無不便，固無煩乎效顰大國而畫蛇添足也。

且觀縣之制春秋初期已有之，然各國之縣同名而異制，可知其非一國獨創而他國效尤者，則縣制之立其來有自矣。故可推源至西周之初，斷其爲封建之渣滓。百年演變，湘桂分流而諸國各異其制矣。

釋郡

郡、縣在始皇統一中國以前是顯然的兩回事。各自成爲一政治單位，絕無聯繫關係。「縣」之由懸演變而來前已論之甚詳。至於郡則不然。《說文》：「郡从邑君聲。」是形聲字。似專造此字以名政治區劃者，是或爲適時需要而立之者。

始皇以前之郡，似均與國防軍事有關。「秦有隴西北地上郡，築長城以拒胡。」（《史記・匈奴列傳》）「魏有河西上郡，以與戎界邊。」（同上）「趙武靈王北破林胡樓煩，築長城自代並陰山下，至高闕爲塞而置雲中雁門代郡。」（同上）「燕亦築長城自造陽至襄平，置上谷漁陽右北平遼西遼東郡。」（同上）觀此則秦、魏、趙、燕等國之郡似均專於防胡而置者。

至於無胡是防之國則其郡亦專爲防強鄰侵襲而設者。「春申君言於楚王曰：『淮北地邊秦，其事急，請以爲郡。』」又「復西取秦所拔我江旁十五邑以爲郡拒秦。」（《史記・楚世家》）則楚之郡專爲防秦而設。

至於吳夫差救魯亦是「發九郡兵伐齊。」（《史記・仲尼弟子列傳》）可知始皇以前之郡皆與軍事有關。蓋郡之置多在邊圉，爲防鄰國侵襲則須經常有邊防而令大將戍之。爲軍事上便利計，則戍邊之將須集邊地軍政財大權於一身，庶幾運用靈活，因時制宜。國君將沿邊疆土地劃出一帶交付戍邊軍官。使其有獨立機構，除聽中央號令外不受任何牽制。以近代術語明之或可說是「軍事特別區」。這種軍事特別區即是郡的起源。郡之守即是戍邊的將領，土地雖然沒有直接封予他，而他卻可集大權於一身，儼然是邊區的一個土皇帝。在那尙沒有獨立機構的地方行政制度的時代，這確是値得人們重視的一個制度。如許我望文生義的話，則郡字大可視作一形聲兼會意字，補充許氏之說可曰：

「郡，从邑从君，君亦聲。」

郡與縣之關係

郡縣既截然是兩件事，但卻是同樣獨立的政治單位。然郡總在邊圉，距中央既邊遠，又經常有寇患。而縣呢？則或滅鄰國縣之，或奪大夫之田爲之，兩兩相較不用說縣的確是比郡好，做官的誰不想謀個安睡飽食的「縣」?!那烽火無常的「郡」自然是次一等，故趙鞅誓師辭曰：「克敵者，上大夫受縣，下大夫受郡。」（《左傳・哀公二年》）是非以地區大小而定高下也。

再者郡爲防邊而置，非武將不能任郡守；且征戰不時，則郡守更握有兵權。丟開做好官食厚祿不談，則郡長官自然較縣令尹爲煊赫亦較有實權。再者開疆拓土既縣敵國而別置縣令尹，然烽燧未息，新立之縣復在邊區，為軍事便利計則有時縣令尹亦得受郡長官節制，且揮塵書生即可領縣令尹，而郡守則非重臣夙將不能任。類多立有邊功，說不定新立縣即是彼汗馬功勞換來，則新放來之文官的縣令尹，於資望於實力既皆不能高出郡守，兩兩相較自然是等而下之。

時日推移至戰國之世，征戰益形頻繁，武將地位當然亦隨之增高，漸漸地郡之地位乃駕縣而上之矣。至始皇統一天下，乃明定縣縣於郡，遂為後來地方政治的二級制，是自然演變之結果也。

結論

約而言之，方西周之盛也，密侯不臣，遂滅密國，夷王一怒足醢齊哀侯。天子之勢亦云盛矣。迨平王東遷，千里王畿半淪於敵；倉卒東奔，賴晉鄭之輔翼，苟延殘喘於成周。然曾幾何時，竟至周鄭交質、楚莊問鼎，王室式微而封建之紀頹矣。天王尊嚴轉賴大國維護，跛扈諸侯亦借挾天子以自重矣。因之王政失綱，而爭霸之局啓；強弱懸殊，而兼併之勢興矣。小國力弱遂撇天子而仰鼻息於霸主；諸侯之勢盛者，滅人宗社遂亦習以爲常矣。

然諸侯反顧自身之坐大，懲周室封建之失，得人土地，不復再以之分封附庸。拓殖日廣，遂師王周遺制從而縣之，縣而不決遂爲定制矣。且以長期征戰而有立郡之制者茲已論之稔矣；故曰縣者由封建蛻變而來；而郡者歷年征戰之結果也。至漢上諸姬已盡，陳蔡既縣；而楚人北上；秦人南滅巴蜀，而東出崤關，緩衝小國既盡，列強直接衝突之局乃啓。積數百年軍事第一時代演變之結果，郡之地位遂駕縣而上之。始皇既統一天下，徹底廢除封建，乃因郡縣之舊名，明定地方政治之二級制，千年以還，遂成定制焉。

跋

右〈中國郡縣起源考〉一篇，原爲筆者於民國三十年（一九四一）秋，就讀國立中央大學史學系三年級，選修顧頡剛先生所授「商周史」時之期終作業也。顧師發還時，曾用朱筆作批，並附一長函，指點文中可議可取之處甚詳，獎勗有加，並囑讀後將原稿寄還，「當爲編入文史雜誌也」云云。然其時筆者方忙於撰寫一有關我國古代社會史之長篇，擬以此文爲卷首，故未急於付梓。孰意全稿未竟而大學已結業，乃將積稿寄友人處，匆匆束裝返故里省親。原冀期年再返陪都，續學於母校之歷史研究所。不意返皖未幾，敵軍便入侵中原，大別山頓成敵後。返渝續學無望，中大同學郭秉佑君乃將寄存約十餘萬字之舊稿分卷寄往立煌，詎料郵件通過敵區時寄稿泰半遺失，而此篇得以倖存。嗣執教立煌安徽學院，該院院刊編輯索稿，乃以此文塞責，遂蒙編入該刊第一期。故篇前小序有「恐復失之」之語。此民國三十三年（一九四四）冬事也。

大陸變色後，筆者在美絕糧，乃向哥倫比亞大學附設之「漢史研究計畫」申請編譯工作以自餬，主持人盼能交出一二篇舊作爲參考，欲以證明申請者「能讀通中國古書也」。不獲已乃稟呈慈母於合肥故里，乞於舊作中剪寄一二篇，以便申請工作。初僅試投家書，未存奢望，不意慈親竟能於中共土改劫灰中，將此篇剪寄，捧萱堂手諭，恍如天降也。

此篇原印於戰時敵後游擊區，印刷校對均極粗劣，刊物更無流通之可言。筆者曾試查大陸出版之《全國中文期刊聯合目錄1833～1949》。皖院編譯委員會所出之《世界月刊》雖亦列入（見頁二九九），然該刊第一期則各館均缺，始知手邊所存，竟成碩果。摩挲舊簡，追念三十年來家國遭際，不禁百感潮湧。因請吳章銓夫人再爲抄成淸稿，寄呈宋旭軒兄重行斠印，原文中除剔除兩個欠通之英文字，及將當初手民誤植「叔夷鐘」及「𪒠鎛」之銘文加以改正之外，餘率任其舊，雖因事忙，無暇改作，亦見三十年來，流落異邦，學無寸進之可悲也。

一九七〇年農曆除夕附誌於紐約哥大

＊載自台北《史學彙刊》第三期
原載於一九四四年安徽立煌之安徽學院院刊《世界月刊》創刊號

六、論帝國與民國之蛻變

我們治「當代民國史」的史學工作者，落筆的先決條件應該是對「傳統帝國史」（尤其是晚清這一段）有個本質上的瞭解。因爲「民國」不是從天上掉下來的；它是從「帝國」慢慢地轉變過來的。帝國是父，民國是子。不知其父，焉知其子呢？

再者，帝國和民國的關係還不是生理學上雞和蛋的突變關係；不是一隻帝制的雞，忽然生下一個民治的蛋來。它二者的關係，卻是蠶之與蛾的關係——在本質上、在制度上是一種抽絲剝繭的蛻變關係。兩朝嬗遞、藕斷絲連，是不可以一刀兩斷的。

就以九〇年代大陸和台灣的現狀來說吧：時至今日，大陸上的政治制度，可以說還是蛹在繭中、去古未遠。毛澤東說：「千載猶行秦法政。」大陸上的問題，正是這個「秦制度」無法擺脫的問題。這也是一種蘇聯式的「革命後」(post-revolution)方向失落而回歸專制的問題。

台灣的現狀呢？它這隻民主白蛾是破繭起飛了。可是飛蛾都有其撲火的本性。誤把烈焰當光明，萬一飛翔失控，撲火自焚，也就前功盡棄了。所以寶島今日的情況，從歷史中找前例，似頗近乎德意志第三共和時期。德國當年由於仇恨加暴力曾引發過一種「排猶運動」(anti-Semitism)。國人把復興工作中所遭遇的困難和國內外的不平現象，都遷怒到一個少數民族頭上，造成一種山雨欲來的「革命前」(pre-revolution)有「恐怖主義」(terrorism)傾向的群衆情緒。這種情緒最容易升級。如不能適時加以抑制，以防患於未然，其前景也是未可樂觀的。

長話短說。我們海峽兩岸在民主政治上的努力，都還是在德蘇兩個模式中尋出路。雙方距「民國」的眞正目標，都還有其不同的距離呢！但是怎樣的一種政治社會體制，才能算是名副其實的「民國」呢？請先瞭解一下「民國」的本質。

「民國」政體的本質

丟開繁瑣的西方政治哲學不談，且看看我們自己的現代思想家如何說法。

孫中山先生在他的「遺囑」上說他致力國民革命凡四十年，他的目的是「在求中國之自由平等」。這篇〈總理遺囑〉原是那位頗有文采的汪精衛執筆的。汪氏爲遷就他那「必須、務須、尤須」的行文腔調，代孫先生撰遺囑，就不免以辭害意了。中山革命之目的，不只是在追求中國在國際間的自由平等；他還要全中國老百姓在日常生活上，彼此之間也自由平等呢。

當然從經濟生活方面來說，孫先生所要求的並不是孔夫子「不患寡」，或紅衛兵「反封資修」的「窮平等」。他一直強調中國人民的經濟狀況只是「大貧、小貧」。在大小貧之間求平等，是沒有太大地意義的。孫氏所要求的是「富平等」——用目前的辭彙來詮釋，那就叫做「均富」吧！要既富矣而後均之，則我國傳統的農業經濟（包括附屬於農業經濟體系之內的手工業和小城鎮）就不能勝任了。簡言之，要建立一個名副其實的「民國」，則工業化的經濟發展就是個必要條件了。

再者，搞工業化的經濟起飛，是全國人民都要動腦動手的，少數人如濫用權力，從事包辦，這個經濟是永遠「起飛」不了的。這樣就牽涉到政治體制上的民主開放了。且放下「現代」人類社會行爲中所應享有的「人權」不談，縱使只從經濟建設這一項更迫切的實際專題來觀察，則政治上的自由平等、民主開放也是經濟發展的先決條件。翻看當今「已開發國家」的進化史：未有政治封閉而經濟可以「起飛」者；亦未有經濟已經起飛，而政治仍繼續其封閉者。這一對難兄難弟，相輔相成，缺一不可也。所以一個眞正的「民國」所應具備的第二個必要條件，便是一個眞正的「代議政府」(representative government)所代議的全民政治；林肯所謂「民有、民治、民享」是也。在政府運作上有任何矇混，就不是眞正的「民國」了。

有了個「民有、民治」的眞民國，則民之所「享」的經濟財富、教育水平、基本人權、四大自由是會與之俱來的。孫中山先生革命終生，他那個「尙未成功」的最後目標便是建立一個如上所述的眞民國。

可是一個國家縱使能完成上述的兩大條件如戰前的日本和德國，究竟怎樣才能把它維持下去，而不致走火入魔，也是個天大的難題。古人云：「創業不易、守成尤難！」

正是這個意思。試看日本「明治維新」諸賢苦心孤詣所建立的代議虛君制，是多麼令人神往。殊不知前輩可以「創」之，而後輩卻不能「守」之。等到少數暴戾無知的「少壯軍人」，藉愛國之名，以暴力干政；振臂一呼，全國景從。勇則勇矣，其後果便要吃原子彈了。再看德國：一次大戰後，它忍辱負重、重建共和，多麼可泣可歌！不幸少數領袖，私心自用，利用群衆報復心理，化仇恨爲政治力量，德意志民族就重罹浩劫了。

日德這兩個民族，在近代世界上都是最有效率、最有表現的優秀民族。但是爲什麼犯了如此愚昧的錯誤呢？我們讀史者嘆息深思之餘，才悟解出，原來他們的犯罪之源是出自他們政黨之內，狹隘的組織家壓制了有遠見的政治家；在他們近代文明中，偏激的理論家也擠掉了恢宏的思想家。他山之石、可以攻錯，這樣就使我們在中山之後，又想起了胡適之先生——孫、胡二人的思想是蕭規曹隨的。

適之先生早年就反對極權。認爲民主政治不能走捷徑。要想以法西斯、褐衫黨一類的「速效」來建國救民是緣木求魚的。胡適晚年鼓吹「容忍重於自由」。主張凡事都得想想，是人不容我？還是我不容人呢？只是單方面的「寧我負人，毋人負我」，那就是曹操了，還有什麼民主呢？所以胡先生一生倡導民主的精義所在，便是一句話：「民主是一種生活方式。」二次大戰前的德、義、日三國，在工業經濟、代議政府兩方面都已具備了實行民主政治的必要條件。不幸的是他們萬事俱備，只欠「民主的生活方式」這一陣東風。東風不來，他們就玩火自焚了。只知他人不民主，而昧於自己的生活方式壓根兒就不民主，從而濫用自由、濫用「多數制」(majority rule)，那就誤盡蒼生了。

話說至此，我們「民國」的本質也就顯露出來了。本質爲何？曰：「工業經濟」也。非振興實業無以富。曰：「代議政府」也。非有眞正民選代議政府不足以言全民政治。曰：「民主的生活方式」也。如生活方式不民主而多「財」(money)多「力」(might)，則充其量一個小小「軸心國」翻版而已，民主云乎哉？

事實上，自「鴉片戰爭」(一八三九～一八四二)開始，我全國同胞、仁人志士，殫精竭慮所追求的便是這三個目標。但是一個半世紀過去了，我們在大陸上可說是一個目標也未追到，甚至愈追愈遠。台灣呢？爲山九仞、功虧一簣。這一簣之土是否可以平安地加上去，而不致因一根茅草便壓死一隻駱駝。我們寫歷史的人，執簡在手，每晚都打開電視，只有耐性地等著瞧吧！

「後封建」時代的中西之別

朋友們或許要問：民國之遠景既若是之單純，何以我民族苦學猛追了百餘年，死人億萬，至今仍是前途未卜呢？這問題的答案當然是千頭萬緒的。同時這一問題亦非中國所獨有。大國如印度，小國如菲律賓和印尼——乃至今日的整個「第三世界國家」，不都有類似的困擾？不也各有其不同的原因？但是困擾中國最大的原因，顯然還是個中西「文化衝突」(cultural conflict)的問題。

須知我們的大清「帝國」是兩千多年來，一脈相承，純中國文化的產品；而「民國」則是個徹頭徹尾西歐文明的延續。以古老中國的傳統，一下要接上現代西方的制度，若只說是「鑿枘不投」，我們還是小看了這個問題。事實卻是它二者是「兩極分化」、「背道而馳」；甚至是「水火不容」呢！因此要以中式「帝國」之蛹，蛻變出一個西式「民國」之蛾，其過程是痛苦不堪的。但是處此「後封建時代」(post-feudal period)，在西方急劇發展的影響之下，我們又必須洗心革面、非變不可，這就是我們近代史上的難解之結了。

可是中西之別，究在何處呢？這問題，答來話長。這兒且說點簡化的大略。從比較史學著眼，可以說近兩千年來世界文明之發展，大致可用東亞、西歐兩大主流之演變以概其餘。這兩大主流本是各自發展，極少相互干擾的。兩相比較，其成就蓋亦在伯仲之間。可是在十七、八世紀之後，西歐文明就顯然逐步領先了。當東亞文明還停滯在帝王專制、農業經濟時代，西歐各國在政治上已揚棄了專制；在經濟上也擺脫了以農為本而逐漸地發展出「重商主義」和「工業革命」了。

西歐文明何以在近代突然脫韁而馳呢？其關鍵蓋為「封建社會」崩潰之結果。筆者在諸多篇拙作裡，曾一再闡述中西社會發展之過程有其「通性」，如雙方封建社會之發生與成長，便是通性之一例。然中西社會之發展過程，亦有其「特性」，如西方封建社會之形成，實發生於羅馬帝國崩潰之後；而中國封建社會之成長，則發生於秦漢大帝國建立之前。由於中西歷史主觀與客觀條件之不同，而有其社會發展程序之先後；程序不同乃又導致這兩個社會在近古與現代，亦有其本質之差異。

二者本質之差異又何在乎？曰：現代西歐北美社會發展之基礎在「社會重於國家」也。「國家」(state)者，社會之「上層建築」(super structure)也。國家之結構隨社會之變動而變動。

我國則反是，我國社會發展之基礎，則「國家強於社會」也。社會爲國家之「上層建築」，其結構之型態，其榮枯之動力，悉聽命於國家之頤指氣使也。

中西兩社會之背道而馳，又何胡爲乎而然呢？曰：雙方發展中之主觀與客觀諸條件，均有以導致之。

西方中產階級之自然形成

蓋西歐於十五、六世紀封建社會崩潰之後，由於種種條件之限制（包括永遠無法統一的拼音文字），他們因此也出不了一個秦始皇。其結果便形成一種小王國、小城邦紛立的局面。其小焉者大致如今日之港、澳與新加坡甚或更小。其大者亦不過如南韓、台灣或稍大，其最大者亦不過一四川耳。吾人如閉目試作遐想：當年西歐一隅之地，便有十數（甚或數十）新加坡、港、澳、台、韓，在商業上作激烈之競爭。它們的獨立或半獨立的政府，也被拖著勉力跟進（如近二十年之台灣與南韓）；大家一致向錢看，一個「重商主義」，當然就不呼自出了。

社會繁榮帶動了教育與科技之發展，加強了「文藝復興」與「宗教改革」。亞當史密斯之《國富論》，也就變成現代社會科學之第一部書了，其情蓋亦如今日台灣坊間之《股票指南》也。浸假一個以動產與不動產爲基礎而取得政治力量的「中產階級」乃應運而生（試看今日的台灣與南韓）。大家拳腳交加地在「一院制」(unicameral)的議會之內，壓制了老貴族，提高了增額平民議員；建立並加強了下院，便控制了政府。上節所述「代議政府」云云，在不斷改進中，乃變成爲維護此一新興階級集體利益之比較適當的模式了。

所以所謂全民「代議政府」者，實爲西方自由經濟發展的過程中順水推舟，無啥深文大義的自然產品也。

可是這麼一個膚淺庸俗的洋制度，我們要把它移植到東亞大陸，何以竟如此之高不可攀和如此之難產呢？這就因爲它與我們的文化傳統，實在是水火不相容的了。

中國的「宗法傳統」和「家長制」

我們那個「國家強於社會」的傳統，是從我們最古老的「宗法社會」逐漸演變出來的。宗法制是個純國貨。它在其他民族的歷史裡，是找不到類似的制度的。

可是「宗法社會」究竟又是個什麼東西呢?簡言之，它便是由我先民所特有的祖先崇拜傳統，所發展出來的以父系家長(paternity)爲中心的氏族制(clan)。

前節已言之:我們的「封建社會」之崩潰早於西方一千七百餘年。可是我們在封建社會崩潰之後，卻沒有弄到小邦林立、大家一致要錢的程度。相反的，由於特有的主觀和客觀條件的驅使，我們卻搞出個高度中央集權的超級大帝國來。

爲著這個「中央集權」的運作，我們又發展出一套世界歷史上無與倫比的「文官制度」(civil service system)。這個完整的制度，再經歷朝改進，到滿清初年，可說已臻至化境。它的運作之靈巧與科學化，允非國共兩黨後來的黨官制所可望其項背。這樣一個完備而合理的統治系統，再由一些思想家、政治家把我們東方哲學——儒、法、道三家的精義熔注其間，日久化民成俗，便形成了一個所謂「霸王道雜治」的「文化整體」(cultural entity)。關於這文化整體的特性與通性，時賢與筆者於各種著作中所論已多，不應再疊床架屋。今且粗列數條，以示其在中西文化衝突中所發生的作用。

吾人應該提出的第一條便是我們傳統「宗法社會」遺留下來的「家長制」。在傳統中國的家庭裡是尊卑分明、長幼有序、男女有別的。家庭成員悉聽命於一位既長且尊的家長。這種家長在家庭業務的管理上，有其絕大的權力與威望；同時在道德上，他也有絕大的義務與愛心。對一個家庭的興衰貧富，和子女兒孫的管教養衛，他都要負全部責任的。但是他不是個毫無約束的獨裁者。就以家庭財產而言吧！全家成員（除已婚女兒之外）是各盡所能，各取所需的。如果協議「分家」，則「家長」也只能取其應得之一部分。可是在一般管教上，則長幼尊卑之間是沒有什麼「自由平等」可言的。做子女的在家長管教之下，連最起碼的，現今所謂「基本人權」的「擇偶自由」都是享受不到的。

我國傳統儒家論政，多半都是「國、家」並提的，先要能「齊家」，然後才能談到「治國」。家就是個小國；國就是個大家。所以國王、皇帝便是個特大家庭的太上家長；老百姓都是「子民」。不特此也，大皇帝底下的各級官吏也都是大大小小的家長。縣長知事叫做「父母官」，刺史郡守叫做「『牧』民之吏」。依次類推，則皇帝便是最大的活祖宗。所以「祖國」這個現代化的名詞，在古代則叫做「君父之邦」。君父一體，是最應受到子民們尊敬和服從的。所以孟老夫子罵人時也說：「無父無君，是禽獸也。

」因而傳統中國政治社會的結構便是從「父親」這個小權威開始，形成一個小小的「權力金字塔」。然後重重疊疊上瑤台，大小金字塔層層配套，直至皇帝。皇帝所操縱的「國家機器」(state machine)便是個最大的權力金字塔。萬歲爺是集全國「管教養衛」之權責於一身的。「教」在中古西方社會是由教堂分擔的。做中國皇帝則是「作之君、作之師」，管教一把抓。政治二權都是自上而下的。中央政府承擔一切責任；也行使一切權力。斯之謂「國家強於社會」，與現在西方民主國家「社會強於國家」，恰是個反面。今試把這兩個不同的模式中「國家」和個體「公民」(citizen)之間的關係，圖解如下：

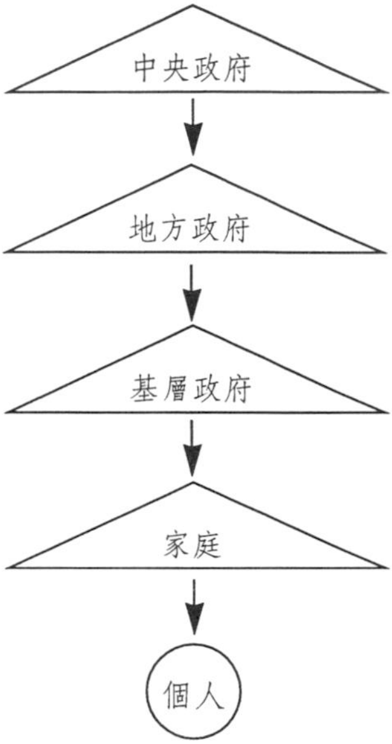

圖甲：傳統中國模式

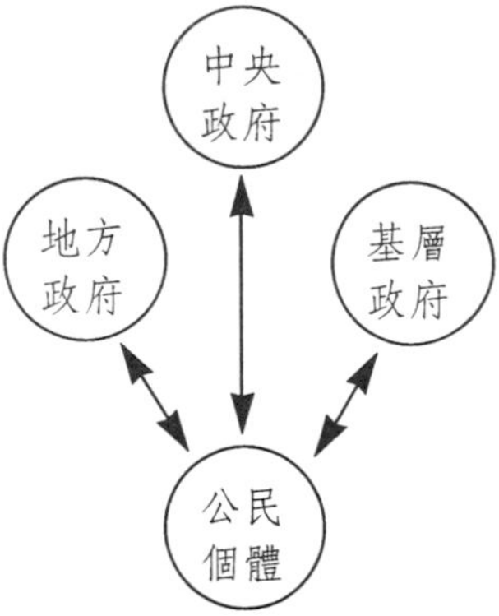

圖乙：現代美國模式

「集權」並不是「極權」

可是在傳統中國裡，政治結構雖然高度中央集權（見圖甲）——用時下術語來說，便叫做「下級服從上級、全國服從中央」。但是「集權」(centralization)並不是「極權」(total power或totalitarianism)。在這個「層層節制」的統治系統裡，各級政府如都能按理出牌，也頗能收「垂拱而治」之效。縱使最高層出了一位荒淫無道的「暴君」(despot)，他想透過層層金字塔，一竿到底，奴役全國人民，亦殊不易。因爲暴君之出現，他第一步必須破壞他自己的法統。法統既失，則統治機器失靈，在那交通和資訊都相當原始的碩大帝國之內，搞其「東方暴君主義」(Oriental despotism)，亦勢所不能。

事實上，在兩千多年的中國政治史上，除秦始皇、毛澤東二人之外，也找不到第三位二世而斬的「東方暴君」。因此生於這個權力金字塔底層的黎民百姓，日出而作、日入而息，天高皇帝遠，亦頗能自得其「乞丐民主」(beggar democracy)之樂。但是「乞丐」們的「基本人權」、「自由平等」又向哪廂去找呢？這些現代的概念，朋友！原都是現代西方「資產階級自由化」的玩藝嘛！在那並無「資產階級」存在的帝制中國，那些罔顧人權、剝奪自由的制度和風俗習慣如君權、父權、夫權、盲婚制、多妻制等等，原都是我們「固有道德」所認可的嘛！生爲那個時代的中國人，有誰又覺得「天下有不是之父母」呢？詩人胡適說得好：「不覺不自由，也就自由了。」這和今日老美公民「不覺太自由，只道自由好」，正是一個銅元的兩面嘛！事實上，「無節制自由」之爲害，實遠甚於「健康的不自由」啊（著重健康二字）！身在廬山中的遊客，哪能識其全貌呢！

因此從比較史學上看，我們這個宗法遺規的「家長制」，在中世紀的世界上，不特是個「可行的制度」，甚或是個「較好的制度」呢！

子曰：「民可使由之，不可使知之。」俾斯麥時代的德國所行的「父道主義」(paternalism)，不也是一樣嗎？腓特烈大帝說：「我爲人民謀福利，可不一定要人民知道啊！」這與我們孔夫子的政治哲學，不正是不謀而合嗎？我們的家長制一直延續到今天，初不因歷次革命而有所改變。事實上台灣今日所存在的問題，可能就是因爲缺少了一位大家長呢！可是李登輝總統今日的作風，似乎就有意重建這制度。

正因爲我們孔孟之道的政治模式，健康長壽，比較合情合理。我民族安於此生活方式已二千餘年，一旦要以夷變夏，本末倒置，其艱難萬分、痛苦不堪，自是意料中事。但是爲什麼我們一定要變夏從夷呢？那就是中世紀畢竟是中世紀；那個時代的「較好制度」，延至今日已大部分不適用，我們現在要另闢蹊徑，就不得不從洋西化、改弦更張了。

「健康的個人主義」

在現代的民主國家裡，社會的基礎是建立在一個公民的「健康的個人主義」之上的（「健康」一辭是胡適之先生爲中文讀者特地加上去的，以免誤解）。個體公民與各級政府之間，與夫各級政府彼此之間的關係，都是雙邊契約的關係（見圖乙），政府不再是家長。它是聽命於人民的「服務機構」(service agency)，官員是「公僕」(public servant)。這一來，它和我們的傳統的家長制，就完全背道而馳了。

但是這一洋制度未必就比我們的土家長制更好。它若行得其道如今日的英語國家，則政府便是爲民服務的機構；權力若被濫用，則全國國民，都會變成獨夫專政的個體對象。盧梭說：「暴君之前，人人平等。」(Before a despot everyone is equal.)就是指的此一情況。到那時，天既不高、皇帝也不遠，那就民無噍類矣。上節所述戰前的德義日加上個史達林的俄國，戰後的毛澤東和他的紅衛兵，就是這個畫虎不成的洋制度走火入魔的結果。九〇年代的台灣從家長制蛻變到一個「社會重於國家」的洋制度方向來，希望它的年輕的政治領袖們相忍爲國。不要也畫虎不成，迷失方向才好。

以上所說的宗法社會傳統下的「家長制」只是我們帝國時代，至今還沒有完全「蛻變」掉的特徵之一。但是這一特徵並不是孤立地存在的。它是和我國所特有的農業經濟制度相互配合運作的。它二者原是一對「暹羅連體兄弟」(Siamese twins)。彼此同生共死，是分割不開的。事實上中共今日在大陸上的政經失調，便是在這兩個弟兄之間想捨其兄而留其弟，所以就矛盾百出了。

重農輕商的後遺症

不過話說回頭。我們原有的以農立國的經濟制度，也並不是甚麼壞制度。相反的，它原是在人類歷史上經過精心設計，一行兩千年而有實際效驗的「較好制度」(better system)呢！須知中國封建時代，原和歐洲一樣，土地是屬於國有的。可是在封建制崩潰之後，歐洲的經濟便迅速地走上了「重商主義」(mercantilism)。而我們卻緩緩地走上「重農主義」。

「重商主義」原是在社會強於國家的客觀條件之下，不受人類意志控制而自然成長的。它的確是一種（如馬克思所想像的）「客觀實在」(objective reality)的產品。

可是我們「重農主義」，卻是從頭到尾的一種「主觀設計」(subjective planning)的制度。更具體地說：它是在國家強於社會的情況之下，由政府主動從事「土改」的結果，是主觀意志製造的。秦始皇統一中國之後，「廢井田、開阡陌」便是中國歷史上第一次大「土改」。政府爲了解放農村個體戶的生產力，乃把公田（井田）制給廢掉了。改農業爲私營——這正是近年來鄧小平毀棄毛製土改的主要內容。

秦以後，土地變成了商品，可以由人民自由買賣。此一農村自由經濟制度，在中國一行兩千年，沒有太大的質變。一直到公元一九四九年，中共政權成立之後，才被毛澤東倒轉了。

〔附註〕毛共土改，改私田爲公田，也是主觀意志的產品。在制度上說，實在是恢復先秦的封建生產制，所以終於行不通。王莽也就是搞封建生產制，所謂「復井田」，把腦袋搞掉的。

以主觀意志來建立土地制度，古代儒法兩家原是一致的。漢承秦制之後，儒家的政權，把法家原有的「重農輕商」的政策，繼續推到最高峰。商人階級受到政府嚴重的歧視。我國這種與西方反其道而行的「輕商主義」，其後竟深入人心，歷兩千年而未稍改。商人既被一個強大的政府鎮壓了，那個作爲現代經濟發展的主力軍的「城市中產階級」(urban middle class)在中國歷史上也就不能出現了。缺少個城市中產階級，中國也就出不了「重商主義」和「產業革命」(Industrial Revolution)。沒有產業革命和與之俱來的「大規模生產」(mass production)，那我們就只好安貧樂道，維持個半飢半飽的農業大帝國，永不想發財致富了。全國人民都生存在大貧小貧的邊緣，如果再加上人口失控像晚清那樣，那就眞的一窮二白了——所幸我國人口過剩的現象，只發生在清朝乾隆以後。

以上所述便是我國晚清時代，從古老傳統中承繼下來的政經實況。這一實際情況，也是傳統的政經制度作天衣無縫的配合所製造出來的。但是從人類文明累積的總成績來看，這種體制原沒有太多的不好。相反的，我們那獨步世界的中世紀文明，便是這項政經體制孕育出來的。

且看那些在十七、八世紀來華傳教，目擊我國康雍乾盛世的耶穌會士；且看那位在十八、九世紀之間名聞天下的民主聖人傑弗遜；且看那位在二十世紀中葉，作爲羅斯福農業「新政」智囊的華萊士等等，他們比較中西，對我國傳統小農制的社會生活，無不推崇備至。晚近的科學史權威的李約瑟，對於我們中世紀科技與社會的成就，也捧得天高……我們自己的往聖先哲，唱戲拘屁股，自捧自的言論，那就更不用說了。縱遲至今日，李登輝總統還不是在爲「回歸固有文明」而呼籲嗎？遑論當年。

可是既然有如此優秀的傳統，爲什麼在晚清時代——那時的「固有文明」不是比現在還多一點嗎？——我們卻表現得那樣窩囊呢？結果招致「新青年」們，一致喊打，幾乎把「固有文明」全盤否定了。而晚近四十年，我們又爲什麼表現得如此暴戾無知，還要麻煩「民主女神」老人家，跨海東來，普渡衆生呢？

對此，我們的綜合答覆，要點蓋有數端。其一便是前節所述的中西文化衝突的問題。「中古」或許是我們的；「現代」卻絕對是人家的。請翻翻我們今日的中小學教科書；想想我們日常的衣食住行，有百分之幾是屬於我們「固有文明」的呢？——老兄，都是洋貨嘛！

一句話歸總，我們傳統的政治經濟制度（不論好壞），是不能適應現代西化的需要。適應不了，它就會變成我們求新的包袱、現代化的絆腳石了。好漢專說當年勇，那就十分窩囊了。且看我們的洪秀全天王，他陛下一面要保留固有文明中的多妻制，一面又要奉行只許有一個老婆的基督教，所以就被羅孝全牧師杯葛了，以致身死國滅。

傳統國家機器的週期性

再者，縱使一個古老民族，它有勇氣卸下傳統的包袱來求新求變，它還要有個有效率的行政機器來推動此事。不幸的是我們在清末的那部國家大機器，也已到了鏽爛不堪，應該報廢的程度了——它負荷不起這個天降大任。

科學家告訴我們，任何群居動物的團體組合，生滅盛衰之間都有其週期性。這反應在傳統歷史上，史家則叫他做「治亂、分合」；陰陽家則叫它作「氣數」；西方漢學家則名之曰「朝代循環」(dynastic cycles)。但是不管稱謂如何，我們那部「中央集權文官制」加「農業經濟」的國家大機器，亦有其不隨人類意志轉移的運作週期性。西漢以後歷朝的政治史實就警告我們，這部大機器的有效運作期不可能超過兩百年。（以世界標準來看，兩百年一個週期，不算最長，也算夠長的了。）過此時限，就是報廢換新的時候了。

滿族的統治者於公元一六四四年入主中國，到一八四二年〈南京條約〉簽訂之時，已滿一週期。到此時它那部仿漢改良重建的統治大機器，也已到了鏽爛報廢之時，不堪任重致遠了。

吾人試閉目沉思，如「鴉片戰爭」等國恥國難，均發生於康雍乾三朝鼎盛之時，其結果又將如何呢？這也是我們國運使然吧！這些國難國恥，卻發生在「歐洲擴張主義」(European expansionism)的極盛時期（根據他們的週期），也正值我大清帝國國運週期衰竭開始之時。在這盛衰對峙之間，則清廷造化如何，也就無待蓍龜了。

所以我國近代史家每喜詬病清室涉外官吏爲如何顢頇，如何庸愚，而在下讀史數十年，則不以爲然也。

設以清季「科甲出身」之林（則徐）、曾（國藩）、左（宗棠）、李（鴻章）、張（之洞）、劉（坤一）、沈（葆楨）乃至恭王奕訢等，比諸後來國、共、民、青、民盟、民進諸黨之高幹，優劣之間，豈待區區執簡人之饒舌哉？只是大清帝國氣數將終，統治機器報廢之週期已屆，巧婦難爲無米之炊，國之不國豈能厚責於機車駕駛人員和維修技工耶！

「西化」、「現代化」與「階段性」

綜合本篇以上各節之闡述，一言以蔽之，我們大概可以說，一部中國近代史便是一部「傳統中國」向「現代西方」轉變的「轉變史」(history of transformation)。這一轉變的過程，早期的史家，名之曰「西化」。目前的學人則改呼爲「現代化」。其實這兩個概念的疆界實在不易劃分。不過人類畢竟是個有「歷史感觀」(sense of history)的動物。歷史往往也是解釋概念之爭的最佳工具。

就以吾人現代生活中的刷牙爲例吧！「刷牙」這項衛生習慣，是從西方傳來的。它在十九世紀的中國，大概可以叫做「西化」或「洋化」了。可是刷牙在今日中國都市生活中卻變成不可或缺之一部分，那我們就只能把它列入「現代化」的範疇了。據說毛澤東就沒有刷牙的習慣。這大概由於他年輕時農村背景和叛逆個性所造成的。青年的毛澤東反對「崇洋媚外」，所以就拒絕這「西化」的習慣了（毛氏也一輩子未穿過「西服」）。所以當他老年住入都市，生活就不夠「現代化」而被老婆罵成「太土」了。

毛澤東的私生活，小事也。但是，朋友，見微知著嘛！這項社會學上的「微觀法則」卻能替我們解決無數大問題呢！

可是不論「西化」也好，「現代化」也好，我們近代史上這項轉變，幾乎是十年一變，層次分明的。它存在著濃厚的「階段性」。我們如從社會經濟史的觀點，試一回看鴉片戰爭前傳統中國的歷史，那就幾乎千年未變了。

從一本千年未變的「靜的歷史」，忽然接上一本十年一變的「動的歷史」，則近代中國之動盪也就可想而知了。不過我們這項動盪並不是雜亂無章的。它是從「西化」進入「現代化」，按部就班，層次分明的。

前文已言之，我們的固有文明原是自給、自足、自滿的「三自」文明。它在「現代」階段忽然大動特動起來，實在是「鴉片戰爭」開始的。在這次戰爭中我們吃了洋人的苦頭，所以才搞起「洋務」來（那時叫做「夷務」）。我們對付外族的老辦法一向是「以夷制夷」。鴉片戰爭時，我們被夷人的堅船利砲所打敗。戰後痛定思痛，我們第一個「夷務專家」的魏源（林則徐的幕僚）乃想到要「師夷之長技以制夷」了（見魏著《海國圖志》序）。這就開始了我們「科技現代化」的第一步——也就是今日鄧小平所要搞的「四化」之一。

老實說，我們在前一個世紀的新派人物把「四化」搞得確是有聲有色。九〇年代中期，李鴻章的「北洋海軍」竟是世界七大海軍之一，遠駕於新起的日本海軍之上。不幸甲午一戰，馬腳全露。有識之士自此再也不搞「四化」了，因爲他們知道，大清帝國的根本問題不在四化而在第五化——「政治現代化」。康有爲、梁啓超因而搞起了「君主立憲」。他師徒二人認爲連皇帝也要「西化」一下。他們的廣東同鄉孫中山則認爲要搞政治現代化就得徹底的搞。他主張「建立民國」，乾脆把皇帝搞掉，來選個「伯理璽天德」。

康梁失敗了。孫先生成功了，並且當選了中華五千年史上第一個「伯理璽天德」。

但是孫伯理璽天德並沒有解決問題，隨他而來的則是軍閥混戰、夷狄交侵。國政民生反遠不如大清帝國之晚年也。這樣乃又惹出另一批「有識之士」胡適之等來重行考慮了。

胡適之他們認爲科技（堅船利砲）餘事也；政治經濟亦餘事也。重要是我們整個文化體系害了絕症，非徹底脫胎換骨不爲功。這就是他們「全盤西化論」的理論基礎了。要丟掉全部「固有文化」而推動「全盤西化」，這樣他們也就把「西化」運動推展到最高峰了。可是從魏源到胡適這一「轉變」過程是節節升高、層次分明，「階段性」是十分濃厚的。

「五四運動」以後的中國，雖然是屬於另一大時代了，其變化之軌跡，階段分明，基本上是與前期無異的。

總之，我們這部苦難而光輝的中國近代史，在全民族合力推動之下，時時在變、處處在變。其進度雖然難免迂迴曲折、顚顚倒倒，但是其摸摸索索，終於要找到一個安全而滿意的出口則一。出口云何，一個長治久安、名實相符，如篇前所言之民國也。語云：「窮則變、變則通。」所以只要我們不停地摸索，最後必有大道可「通」。照近年來海峽兩岸的局勢來看，這個「通」的日子，似乎並不太遠了，我們等著瞧吧！

＊一九九〇年四月二十五日脫稿於台北
原載於台北《傳記文學》第五十六卷第五期

七、論帝國主義與晚清外患

在上篇談「帝國與民國之蛻變」的拙著裡，筆者曾不揣淺薄、斗膽地說過，從社會經濟史的角度來看，我們鴉片戰爭以前的中國史，幾乎是千年未變；而鴉片戰後，則幾乎十年一變。何以在社會經濟方面，我們的傳統歷史是「靜如處女」，現代又「動如脫兔」呢？恕我要言不繁，這個兩千年未有之變局，實是西方東來的「帝國主義」推動的結果。

「帝國主義」(Imperialism)又是個什麼東西呢？這一問題對我們這一輩二十世紀上半紀出生的華裔男女，還需要解釋嗎？那一部血淋淋的「帝國主義侵華史」，便是我們一輩子實際生活經驗的主要部分。別提也罷，提起來，我們會怒脈賁張、咬牙切齒的。

以上這份民族感受，是任何人所不能否認的。這是我們親身體驗出來的，有什麼好否定的呢？因此我國一般史家和國共兩黨的官方，都會肯定「帝國主義」是近代中國的萬惡之源。馬列派的史學家，更會把它概念化一番說：帝國主義何以是萬惡之源呢？因爲它是「資本主義的最高階段」。萬惡之源的上面，還有一個總源的「資本主義」。

可是這些說法，卻不爲很多西方漢學權威所接受。他們之間有許多極有火候的歷史家，甚至是最有權威的泰山北斗，如創立當今劍橋學派的開山宗師費正清教授等，卻認爲「西方帝國主義」在中國基本上是不存在的。它只是由於革命黨人（包括國共兩黨）不斷的宣傳，而嵌於我民族心理上的一種幻覺。——雖然他們也並不否認日本人對中國的侵略卻是一宗不折不扣的「帝國主義」。

日本人呢？在他們戰敗之初，倒頗有些懺悔心態。可是近年來，他們就逐漸地把他們在中國大陸赤裸裸的姦擄焚殺說成「進出中國」了。只是日本人這批「進出論者」引經據典的功力，無法與西方的「幻覺論者」相提並論罷了。

朋友，時間是可怕的。以感情寫歷史，也是靠不住的。君不見二十世紀後半紀（尤其是近三十年）才出生的中青年華裔男女，他們對「南京大屠殺」、對「佳木斯細菌試驗所」等等的情感反應，就不會像他們父執輩那樣椎胸泣血了。君不見，抗戰期間站在不同陣地的一些華裔同胞，他們對日本戰犯不也有頗爲不同的量刑心理……再過些年，縱是華裔大學生恐怕也要靠歷史百科全書，才能粗知「帝國主義」的定義了。

寫歷史的目的是爲保存某一段歷史的眞相。傳之後世，警惕將來。歷史家應該實事求是、心平氣和。他不應爲某一時代的喜怒哀樂所局限而筆端常帶感情。所以像「帝國主義」這樣的議論未定之辭(debatable subject)，就應該辭簡義賅的去搜搜它的根，再作論斷。

「擴張主義」與「帝國主義」

若談「帝國主義」的根源，我們就不能不上溯到歷史上的「擴張主義」(Expansionism)。擴張主義是個洋名詞。我們文化中的同義字大致可說是「強凌弱、衆暴寡」。它是「人性」(human nature)中絕對存在的一面，也是最醜惡的一面。它也是「社會達爾文主義」(Social Darwinism)所揭露的「人類社會行爲」(social behavior)，甚至「動物社會行爲」(animal social behavior)中經科學家證實的「客觀實在」。

人類歷史上「擴張主義」之動機是多方面的。它包括疆土、經濟、政治、宗教、文化、虛榮、色慾、嫉妒乃至日常的衣食住行、七情六慾。其中任何一面、多面或全面，都可引起群居人類向外擴張的社會行爲。若論其在歷史中有記錄的犖犖大者，則我們「漢人」，原來也是這一行的老祖宗。我們早期對「其心必異」的「非我族類」之「擴張」行爲，也是天人共憤的——可是我們的聖賢史家帝王將相，不也把這些最不光榮的對外侵略，開疆拓土、犁庭掃穴，說成王化遠播等等最光榮的民族史蹟嗎？民族史家們（包括區區小我在內），又何嘗說過這些都是民族之恥呢？

就以我們對付匈奴族爲例吧！

匈奴族是我們漢族擴張主義者最早的，有明顯史料可稽的受害者。其族本名曰「匈」(Hun)，「匈牙利」(Hungary)之匈也。「奴」字可能就是我們漢族擴張主義者把它加上去的。正如日本人的老祖宗本自名曰「倭」(Wa)。它那個倒楣「倭奴」的「奴」字，也可能是我們漢人給他們加上去的。早期的歐洲史家和漢學家，對Huns是否就是

Hsiung-nu頗存疑慮，就因爲他們不知道這個「nu」字，可能就是我們中國「種族主義者」(racist)所玩的花樣。

匈民族被我們的侵略大將衛青、霍去病、竇憲等人，給「擴張」出去了。他們拋棄祖宗廬墓、君父故土，逃難逃到中亞和東歐。在那兒，他們又把當地土著「擴張」得七零八落。終於在四、五世紀之間把整個歐洲弄得天翻地覆；最後弄出個史無前例的「民族大遷移」(The Great Migration)來。沒有民族大遷移，哪有中古和現代的歐洲呢？所以歷史家如果說，只有現代的歐人東侵才具有「史無前例」的影響，那就昧於古史了。

四、五世紀的歐洲，爲什麼鬧得那樣天翻地覆呢？曰：「中國擴張主義」西進之後果也。「中國擴張主義」爲何物也？威爾斯(H. G. Wells)教授所謂"Chinese Imperialism"也。所以「擴張主義」和「帝國主義」，大致可以說是「同義字」。至於十三世紀的蒙古西侵，也可說是"Chinese Imperialism"，因斯時的東方政治哲學尙無國際平等之概念(equality of nations)，蒙古人所服膺者仍是儒家傳統之宇宙國家(universal state)。彼以少數邊疆民族入主中原，建立元朝，其性質正如滿族之建立清朝，亦天下共主之一朝而已。

所以現代西方的「帝國主義」，蓋亦起源於近代歐洲的「擴張主義」。這一點，任何國家、任何派別的歷史學者，大致都可完全同意的。

可是本為中國擴張主義的「受害者」(victims)的歐洲民族，何以於近代，忽然大肆「擴張」起來呢？而近代歐洲擴張主義又是個什麼性質呢？為著一般中文讀者的方便起見，我們最好還是把中西史籍對比著看，將這椿史實，簡單地從頭敍述一遍，再及其他。

封建末期的解放運動

筆者於前章曾略言之：中西「封建制」(Feudalism)之崩潰，時間上雖相去一千七百餘年，在性質上與形式上則頗為相似。中國在封建末季的「戰國時代」，王綱解紐、五霸爭雄；結果導致百家爭鳴、諸子蠡起。終於孕育出一個學術思想、政治經濟、軍事外交、社會生活……等等徹頭徹尾的「解放運動」——它也是我東方文明最光輝燦爛的一段史實。可惜這個光輝燦爛的運動，最後竟以最慘痛的「焚書阬儒」的方式結束了。

自此以後，我民族的智慧，就被帝王將相和儒教聖賢，牽著鼻子，一牽兩千年。所以湯恩比大師說，中國文明自此便一蹶不振了。

且看西方呢?古希臘、古羅馬的文明原也是輝煌燦爛的。不幸他們於四、五世紀之間，爲「民族大遷移」所腰擊，竟被諸蠻族入侵（亦如我國史上的「五胡亂華」），弄得四分五裂。可是這些西方蠻族，一面雖毀壞了羅馬文明，另一面卻又自身「羅馬化」——其情亦如我國的五胡漢化。值此擾攘期間，那原爲羅馬時代旁門左道的「基督教會」乃乘虛而入。其情況亦如佛教大盛於我國南北朝之間也。經過數百年之混亂，整個歐洲終於被基督教所征服而形成一個龐大的「基督世界」(Christendom)。（在東方，佛教便沒有這項福氣了。）

在這個基督世界裡，那些流竄蠻族（今日歐洲白人的祖先）逐漸定居。其羅馬化、基督化了的酋長們也就逐漸地落實他們部落的統治而變爲（與我國春秋戰國時代類似的）封建諸侯了。他們各自霸佔土地、豢養農奴、組織莊園，不斷地增進生產以自肥。而與他們平行發展的「基督教會」除霸佔土地之外，還興辦教育、建築教堂、規範文化、包辦上帝以自尊。這樣便形成了他們「政」(state)、「教」(church)兩頭大的「中世紀文明」(medieval civilization)了。

因此，就中世紀文明的本質而言，無封建諸侯與封建生產制，則蠻族社會便無法安定；原始農業便無法增產。無教會與上帝，則諸蠻族各「拜」其「拜」，小拜拜拜大拜拜，亦不成其爲宗教、不成其爲文化。所以封建諸侯與教會司鐸在中世紀亦各有其文化任務與歷史功勳。雙方配合適度，亦可使庶民樂歲終身飽、凶年得免於死亡。安居樂業、絃歌處處，煦煦然，固亦有三代之遺風焉。已故吾師中古史權威之艾文斯（Austin P. Evans)教授，總以中古社會生活爲人類社會生活之理想境界，良非虛奬。君不見馬丁路德乎。路氏對教會腐敗，雖恨不得與之偕亡，而對封建諸侯則頗能曲諒，亦自有其卓見也。

但是歷史畢竟是隨時間移動的。所謂「此一時也；彼一時也。」封建制、莊園制、基爾特制，雖俱有其歷史任務，然任務完成、時移勢異；時勢變而制度不變，它們就成爲進化的絆腳石，歷史的反革命了。此吾友嚴家其先生於最近神遊羅馬參觀「異端法庭」(Inquisition Court或Holy Office)之後，便與其誓不兩立，亦職是之故也。

中世紀封建文明，以善自培植而達於飽和狀態，一個「解放運動」（如中國古代之

「百家爭鳴、諸子蠭起」）就應運而生了。可是中西封建社會之崩潰卻同源而殊途。我國的「諸子蠭起」，終以諸子同阬而結束。歐洲則因爲出不了一個秦始皇，收束不了這個「處士橫議」的局面，因此現代歐洲爲反抗「政」、「教」兩大桎梏的「解放運動」就像一窠蜂子，向四處爆炸了。其出現方式如「宗教改革」、「商業革命」、「方言文學」、違反教義的科技探討、規復原本爲基督徒所不悅的「羅馬法」之研究與施行等等……總之一個廣義的「文藝復興運動」，乃如野火之燎原，一發而不可收拾。歐洲的天地太小了，它們火花四射，很快地就燒遍五大洲。它們結束了歐洲的「大黑暗時代」，便把人類的文明自「中古」推入「現代」。因此一部三百年的「現代世界通史」，就變成一部「歐洲的擴張主義」的歷史了。

「擴張主義」的「兩面性」

所以現代歐洲的向外擴張是有其善惡的兩面性。其「善」的一面，則籠罩由西歐開始的「現代文明」各方面(various aspects)的向外傳播。其形而上各方面或可概括之爲「德先生」（民主和相關的觀念），其形而下者，便是「賽先生」（科學）了。

而「擴張主義」的「惡」的一面，則是歐西白種民族國家利用其先進科技成果，向落後地區姦擄焚殺，作其赤裸裸的掠奪、侵略和侮辱。

因此，這一現代的歐西擴張主義，其「善」的一面的傳播，雖非其原來的「動機」，然其「結果」則不無可取。例如上文所舉有關我們日常生活的小例子「刷牙」。無「西風東漸」，讓我們「洋化」一番，我們早起不刷牙，豈不難過乎哉？這一點我們就要拜侵略者之賜了。

可是這一類「原本無心」的「牙刷主義」的傳播，終抵不掉他們那「存心作惡」的砲打火燒、走私販毒、「華人與狗」等等罪惡行爲。這「惡」的一面，就是不折不扣的「帝國主義」和「殖民主義」(Colonialism)了。

所以我們如果要討論那些來自西方，本質上大同小異的什麼「擴張主義」、「殖民主義」和「帝國主義」，那我們就得從不同的角度去看它。我們如只爲感情所驅使，而把「帝國主義」看成近代中國的「萬惡之源」，這多少也有乖史實。因爲它在槍桿、鴉片之外也還有些好東西。君不見，我們今天搞得轟轟烈烈的什麼民主、人權、婦女解放……等等，不都與「帝國主義」同船光臨的嗎？否則我們還不是在搞那個倒楣的「三從四德」?!

可是，我們如果只看見人權、民主、科學、技術，而忘記了那殺人放火、販毒走私，血淋淋的「帝國主義」、「殖民主義」的本質，而胡吹或變相的胡吹，說什麼「白種人的負擔」(white man's burden)；把販毒走私，說成只是提供一般商品；殺人放火，是爲幫助落後地區開化，不得已而爲之；武裝侵略，是幫助愚昧帝國加入「世界社團」(world community)，納入「條約體制」(treaty system)，那豈不變成「魔鬼的辯護士」、殺人犯和毒梟的律師了?!因此我們讀歷史、寫歷史，都應觀其多面。窺豹之一斑、摸象之一塊，便說教終生，強人從己，那就無啥學術之可言了。

黃粱夢醒，天翻地覆

再者，「帝國主義」也不是任何一個單純的國家或民族所可包辦的。它種類繁多，因國而異。葡、西、荷、英、法、俄、德、義、日……等國擴張的方式，有其相同之處，也有其相異之處。

縱是同一個國家，向同一地區侵略，其發展也不是平面的——它是因時而異，各有其縱深蛻變的程序的。此一時可作其大惡，彼一時爲其本身利害之需要，或亦有若干善果，凡此都不可一概而論，或以偏概全也。

現代西方帝國主義之通性爲何呢？簡單地說來，則是：濫用暴力，追求暴利，不擇手段，絕情寡義。這條通例可以說是自一四九三年西、葡兩國經教皇敕令(Papal Edict)中分地球開始，到一九四五年二次大戰後日本投降爲止，通用於四百五十餘年之間所有的帝國主義而不會有太大的偏差。

在十五、六世紀之間，西葡兩國開始向海外擴張時，就是濫用暴力、追求暴利的。當時的受害者便是中南美洲的印第安人和非洲沿海的黑人。西班牙人爲掠奪土人，尋找金銀，曾有「吃人肉」的可怕紀錄。葡萄牙人在非洲沿海，綁架土生黑人，販賣爲奴。其行爲又豈止「絕情寡義」而已哉？迨達伽馬(Vasco da Gamma)於一四九七年繞過好望角，直航印度兩年後歸來，獲暴利六十倍，眞是羨煞西歐朝野。

西、葡兩國是西歐擴張主義的始作俑者。但是地球畢竟太大，兩邦實在太小。兩國向相反方向發展，主宰了三大洋（大西洋、印度洋、太平洋），終於一五二一年由麥哲倫之繞地球航行而會師於東南亞時，已負荷太重。其後當地土著及東南亞華僑，雖受禍彌深——一六〇二年西班牙人曾於菲律賓之大崙山(San Pablo del Monte)一舉屠殺華僑兩萬四千餘人；一六三九年於加拉巴(Calamba)再殺我華裔兩萬有奇——然其對中國大陸本土則始終未敢過分覬覦。葡萄牙人雖於一五五七年（明嘉靖三十六年），潛入澳門建小貨棧，並於台澎外海瞻望寶島而驚其「福爾摩莎」(Formosa，葡語「秀美」也）。然限於國力，亦無法強佔。

迨荷蘭人於一六〇二年（明萬曆三十年）組織荷蘭「東印度公司」(Dutch East India Company)向「東印度群島」（今之印尼）發展時，曾一度乘機佔領台灣之一角，然終於一六六〇年（清順治十七年）爲鄭成功所逐。

所以上述三個海權小邦，雖曾於十六至十八世紀之間，把整個東南亞（亦多爲中國之舊藩屬）弄得天翻地覆、海嘯山崩，但是他們卻始終未敢侵掠中國大陸，因此我大陸上明清兩朝自鄭和七航（一四〇五～一四三三）收帆之後，便龜縮神州，睡其呼呼之大覺。對大門之外的西洋海盜，毫無所知，亦未加聞問。如西班牙所操縱，以華裔海員爲基礎，獨佔亞美兩洲的太平洋直達航運二百五十年之「馬尼拉郵船」(Manila Galleon, 1565～1815)，我國官書竟無片紙記錄，酣睡之沉，亦可驚矣！

我國明清兩代朝野，黃粱一夢四百年（一四三三～一八三九），迨鴉片成患，西來毒販欺人，一覺醒來，已景物全非矣！

人類歷史上最大的「毒梟」

若論歐西各國東向擴張之先後，英國實在出道甚晚。但是英國卻是世界近代史上最全面、最耐久，最能因時制宜、隨機應變，不拘一格、花樣繁多而後來居上的帝國主義。事實上，一部晚清中國外交史，便是一部「中英外交史」。俄、法、日附庸而已；美國則英之尾閭也。

英人作有計畫之東侵蓋始於一六〇〇年英國「東印度公司」(East India Company, England)之創立。該公司爲一私營之商業組織。然盎格魯・薩克遜民族所特有的和衷合作、窩裡不反的民族精神，竟能使該公司擁有政治權力與英國之國家武力相配合，全面向外擴張。其第一目標蓋爲印度之「蒙古王朝」(Mogul Empire，或譯蒙兀兒王朝、莫臥兒王朝)也。蒙古王朝斯時已弱點畢露，治下諸侯林立，內訌不已，乃予英國之東印度公司以可乘之機。其時入侵印度除已式微之葡萄牙人之外，原有英法二強。

然兩雄相爭，法人終非敵手。筆者今猶憶及數十年前在大陸上初中時，老師教世界歷史課，曾大談「英國小將克廼武(Robert Clive)大敗法國老帥杜普雷(Dupleix)」之歷史故事；有聲有色，至今不忘。杜普雷於一七五七年被克廼武逐出印度。印度乃爲英國所獨呑，一呑二百年，至二次大戰後始恢復獨立。

英人東侵之第二主要目標厥爲中國。然其時正值我國乾隆盛世。中央權力方濃，沿海諸省亦無懈可擊。中英交往乃限於國際間之貿易。唯英國此時尚處於工業革命前期，鐘錶、呢絨等少數製造品之外，無太多商品足資供應，而我國之絲、茶、瓷器則可無限外銷。因此中英貿易初期，英方「逆差」殊甚，全憑金銀硬幣，以爲挹注。

不幸我國之「順差」貿易，不數稔便迅速逆轉。至一七七三年（乾隆三十八年），東印度公司取得鴉片專賣權(monopoly)之後，我國順差瞬即變爲逆差，以至一瀉如注，不可收拾。

鴉片原產於南洋、印度、波斯、土耳其等地而以印度爲最佳最夥。明季列爲藩屬「貢品」。蓋鴉片原爲極有效之藥物也。清初南方沿海始見「竹管噉煙」之陋習，蓋亦傳自海外，鴉片遂成爲毒品矣。

順康之間（一六四四～一七二二）滿族入主未久，朝氣蓬勃；而中土於大亂之後，人口大減，物阜民殷。政府亦能下級服從上級，全國服從北京；朝廷政令頗能一竿到底。煙毒初現，政府即申嚴禁之令，故亦不足爲大患。不期嘉道之際（一七九六～一八五〇），清朝之盛世已邈，衰竭之週期將屆。朝政不綱，地方官吏之貪汚腐化尤不可遏，鴉片禁令乃漸成具文。

其尤不可抗拒者，則爲大英帝國挾其呑噬印度之餘威，官商一體，揚帆東來，載其印度之高級鴉片，在我沿海作武裝走私。其囤集走私鴉片之躉船，有時竟泊於廣州城郊之黃埔！「濫用暴力，追求暴利」莫此爲甚。年前筆者遊黃埔，導遊者告訴我：「此第一次國共合作期間『黃埔軍官學校』之故址也。」我也告訴他：「比軍校更早一百年，此亦英國人走私販毒，鴉片堆棧之故址也。」導遊愕然。

近年來曾有中西歷史學家，堅持「鴉片戰爭非爲鴉片而戰」之學說。他們認爲「鴉片」只是一種商品，由英商運抵南中國外海伶仃洋中之小島。其銷行中國內地則全由中國本身極有效率之走私商人接運之，非英人之責任也。此一學說，眞是歷史學界的奇談怪論。

筆者定居紐約市四十餘年，對本市販毒掌故可說瞭如指掌。所知個體毒販，大至億萬富翁之毒梟，小至當街兜售「白麵」之八、九歲兒童，可說「閱人多矣」。以美國今日緝毒機關之有效，科學方法之新穎——偶讀其官方緝毒報告，直如科幻小說，然終不能禁。馴至每下愈況，全世界之最大都市，今竟爲毒犯所征服。目前聯邦政府於國內束手無策之情況下，只有乞助於友邦，冀圖直搗「金三角」之老巢，亦未見有若何效果。噫嘻呼，緝毒之難，豈踞坐皮椅，於象牙之塔內放言高論的教授先生，所能知其萬一?!

區區讀史之餘，每作遐想：設有超級帝國主義，以激光砲、原子彈諸武器爲後盾，強運千噸今日最精純之「中國白粉」(China White)，泊舟於紐約港內之「艾麗絲小島」(Ellis Island)以供應市內之大小毒販，則偉大之紐約市將成何世界?美國又成何國家?華府白宮對此超級毒梟之反應又何如哉?此不正是當年道光爺陛下的中國嗎?!

明乎此，吾人當知十九世紀之英國便是人類歷史上，若是之空前絕後的最大毒梟也!明乎此，則鴉片商品論者，也就很難自圓其說了。

「鴉片戰爭」與「茶葉戰爭」

有的學者可能還要辯論說：鴉片之爲害一事也。鴉片之淪爲中英戰爭之導火線，則又另一事也。以遜清政府當年之顢頇愚昧(ignorance)、閉關自守(seclusion)、反商(anti-commercialism)、排外(anti-foreignism)，縱無鴉片，則其他任何一「片」——麥片、米片、溺片、尿片——亦均可爲「麥片戰爭」……「溺片戰爭」之導火線，豈獨鴉片已也？中英之戰勢在必發，非鴉片之過也。

此言實昧於歷史事實之又一胡說。

有關「鴉片戰爭」，一八三九～一八四二」之中西史籍無慮數百種。今日史家對戰爭之經過，蓋均已耳熟能詳，不須爭辯。拙作限於篇幅，亦無法重敍史實（註釋上再略敍之）。然該次戰爭之基本性質，有待研討之處則正多也。

須知「鴉片」爲當年中英戰爭中，英方無可代替之「商品」也——其獲利之豐（讀者試看今日之毒販便知），天下無雙；其有助於當年英國國庫之收入(national revenue)，亦不可或缺；其有助於英倫之繁榮、「國民所得」之增長，與夫紳士淑女生活水準之提高，也出乎想像——試看倫敦、香港等地十九世紀所建，今日仍巍然兀立之高樓大廈，有幾座與鴉片無關？（君知否？這類建築，紐約與波斯頓，間亦有之。英人壟斷了印度高等鴉片；波斯、土耳其產之次等貨，美商營之也。）

總之，「鴉片貿易」(opium trade)爲當年英倫朝野，國脈民命，生計攸關，不可或缺之國際貿易。女皇與國會，均不惜爲之一戰。可是英國國會檔案不昭示乎，英國議員之反對戰爭者，豈非所在多有？此則只見樹木，不見森林，小史之見也。英國與美國一樣，畢竟是個有言論自由的民主國家嘛！珍珠港事件之後，美國國會之內還不是有人反對對日宣戰！

所以我們敢斷言：「鴉片戰爭中英雙方皆爲鴉片而戰也。」否則它就不叫「鴉片戰爭」了。一七七六年開始的「美國獨立戰爭」，是由中國的烏龍茶葉引起的。該戰爭非爲茶葉而戰，因此它就不叫「茶葉戰爭」了。

然則十九世紀中葉中英之戰是否像一些中外史家所述，不論「鴉片」、「溺片」都「非戰不可」呢？

答曰：唯唯否否。何也？曰：若無林文忠公「入即正法，船貨歸官」的鐵腕政策，則「鴉片戰爭」便不會爆發！蓋清廷至此，禁煙已百餘年。然鴉片之禍，愈禁愈熾；鴉片貿易愈禁愈大。「鴉片戰爭」原爲鴉片而戰嘛！如鴉片之禁令始終只是一紙具文，則英國又何必發動什麼鴉片戰爭呢？無奈鴉片之禍，至道光中葉已至不可收拾之程度。世界上任何有自主權的國家，爲著一己生存，都非禁不可。

吾人今日如試一重讀一八三八年（清道光十八年）鴻臚寺卿黃爵滋奏〈請嚴塞漏卮以培國本〉一摺的原文，則知正當進出口商人經營所獲，「較之鴉片之利，不敢數十分之一。故夷人之著意，不在彼而在此。」又說到罰輕癮重，吸毒者「刻不可緩……查舊例：吸食鴉片者，罪僅枷杖。其不指出興販者，罪杖一百，徒三年。然皆係活罪。斷癮之苦，甚於枷杖與徒。故甘犯明刑，不肯斷絕。若罪以死論，是臨刑之慘急，更苦於斷癮之苟延。臣知其情願絕癮而死於家，必不願受刑而死於市……」（見黃著《黃少司寇奏疏》）。這種敍述之眞切，以今日紐約毒禍與之相印證，都是符契相合的。至於那禁煙名句說，煙如不禁，則將來「不唯無可籌之餉，亦且無可用之兵」。中國如衰敗到那步田地，則「鴉片戰爭」就沒有「非打不可」之必要了。這一個境界卻正是英國這個大毒梟，在鴉片戰前所企盼的中國啊！出乎他們意料的則是道光皇帝竟然派出一個有爲有守、而敢作敢爲的林則徐。林某既然眞的要禁起煙來，眞的means business，則這場戰爭才眞的就「非打不可」了。一戰四年，中國大敗虧輸，落得個「五口通商」、「割讓香港」的結果，在本篇正文上，就不必細述了。

「鴉片戰爭」之戰與不戰之權，操之於大英帝國的首相與國會。林欽差被動應變而已。他如要認眞地禁煙，不管貴欽差是林則徐、張則徐，都要挨打了。是耶？非耶？

從「印度第二」到經濟第一

英國在清末和中國一共打了三仗——一次是「全仗」（「鴉片戰爭」，一八三九～一八四二），兩次是和其他列強合夥來打的「半仗」（「第二次鴉片戰爭」，亦名「英法聯軍」，一八五八～一八六〇；和「八國聯軍」，一九〇〇～一九〇一，史家也稱之爲「拳亂」、「義和拳」，扶清滅洋之亂也）。

前段已言之，英國是當今世界上最能隨機應變、十項全能的帝國主義，所以它對我們所打的三次戰爭的性質和方式也大有不同。

曾兩任英國首相（一八六八，一八七四～一八八〇）的迪斯瑞理伯爵(Earl Benjamin Disraeli, 1804～1881)曾有名言曰：「大英帝國無永恆敵人，亦無永恆朋友，卻有永恆利益。」所以上述三次侵華之戰，雖方式不同、性質各異，其爲大英帝國的「永恆利益」而戰則一也。

概括地說來，中英鴉片之戰，英國的目標和方式都是以它侵入印度的歷史爲模式的。遠在乾隆五十七年（一七九二），英王喬治三世遣馬戛爾尼伯爵(Earl George Macartney, 1737～1806)使華時，彼即深知清軍火器之落後，在軍事上非英國之敵手。鴉片戰前，英人非但洞悉清軍之不足敵，而清政之窳劣，尤爲英方所睥睨。因此縱鴉片一項之入侵，便可不戰而屈人之兵，把中國變成「印度第二」。西方老輩漢學家閱拙作或將詆爲過甚其辭。其實英人之臣服印度又豈有若何通盤計畫哉？若輩只是乘勢入侵，得寸進尺，終於造成既成事實罷了。其侵華也亦然。鴉片戰後，則司馬昭之心亦爲其血濃於水的自己白種夥伴所共識。

〈中美望廈條約〉（一八四四）締結之後，第一任美國駐華公使義華業(Commissioner Alexander H. Everett)於一八四六年十月抵廣州履新，目擊英人在華之不擇手段，對中國主權恣意侵越，便認爲英人有計畫要把中國變成「第二印度」而憂心忡忡。

義氏並專書呈報美國國務卿及總統，籲請華府聯合歐洲其他列強尤其是法俄二國，加以制止。（義華業呈美國務院之報告原件現存美國「國家檔案局」。於一八四七年四月十日，發於澳門。）其後歷任美使所見皆然。其唯一例外則爲第五任美使伯駕(Peter Parker)。

伯駕原爲美國傳教士，鴉片戰前即與鴉片販有親密往還。戰後爲急求深入內地自由傳教，而支持英國之積極侵華政策。迨伯駕以六任美使館代辦而升爲第五任公使時，竟籲請華府「佔領台灣」，始爲布肯南總統(James Buchanan)所撤職。

但是英國畢竟是個有修養的帝國主義。鴉片戰後不久英政府便深知獨吞中國之不易。蓋中國爲一高度中央集權之統一大帝國，頗難分而治之如英人之御印度也。再者，鴉片戰後俄法美諸強亦接踵而至。對弱大中國群起而蠶食之，各分其一杯羹固爲勢所必至，而一強鯨吞則爲時已晚矣。因此在「太平軍」金田起義（一八五〇）之後，英國對華政策乃有極顯著之改變。

在此期中，英人已不再作印度模式之企圖。而改採聯合法美兩國以武力脅迫清政府在不平等條約之下，作沿海與內陸之全面開放。斯時法美諸強雖亦尾隨英人插足東亞大陸，然其經濟力量與英商相比則微乎其微。英政府如能策動列強共逼清廷作全面開放，則實收其利者，仍只是大英帝國一國而已。英國之此項邀請，美政府因疑其動機，不願加入，而法國則欣然入彀，此即爲英法聯軍於一八六〇年攻陷北京之全盤經緯。

北京既陷、圓明園被燒，而清帝咸豐亦死於承德，導致宮廷政變，寡婦垂簾。清室至此對西方帝國主義已完全失去抵抗能力。對列強的予取予求，簡直是百依百順。因此清政府於天津、北京兩地與列強所簽諸條約，可說均是據英人所要求之條件爲基礎的一邊倒的城下之盟。強者恣意索取，弱者俯首聽命——斯即西方今日一些史家所謂促成中國加入「世界社團」、採行「條約體制」之實際經過也。

在此「條約體制」下，清廷隨後簽了一連串的條約，不特把中國重要沿海港口，遵命全部開放，外人在內河航行、築路開礦、傳教辦學、租地居留亦一概有其條約保護。英人監督我海關、代辦郵電亦均一概落實，而〈中英北京條約〉（一八六〇）中最狠毒之一附款，則爲「販賣鴉片爲合法貿易」。

〈中英南京條約〉（一八四二）中，鴉片走私被矇混過關，未提一字。然〈中美望廈條約〉（一八四四），則明訂鴉片爲「違禁品」(contraband)，貿易爲走私，美商不得參與。一八五八年中美天津續約，美使列衛廉(William B. Reed)原擬重續此條，然爲英使額爾金(Lord Elgin)所黜，乃將此條刪除，遂使英人未費一辭竟將鴉片貿易合法化矣。(見列衛廉一八五八年六月二十三日發自天津對美國國務院之二十三號報告。原件存美國「國家檔案局」。)

既經合法化，「鴉片」這項「商品」在中國進口乃逐年增多，清季竟佔全中國外貿總額百分之六十以上；而當時中國進出口貿易之運輸，幾乎亦由英商總攬承包。英帝國主義之對華發展，至此亦可謂登峰造極矣。

席豐履厚，圓顱方趾，大英帝國之臣民，當時眞是傲視萬邦，睥睨全球。那億萬個貧窮骯髒、面黃肌瘦、愚昧無知的鴉片鬼「約翰・支那曼」(John Chinamen)，仰視豪華幽雅的上海「外灘公園」，也就不能與狗同入了。

朋友，這便是滿清末季，以英國爲軸心的「西方帝國主義」侵華之大略及其嚴重後果之實況。雖然當前中西漢學界尚另有說辭，但是史料俱在。等到大家都可利用相同史料來發掘歷史事實時，是非終必大白。林肯總統說得好：「你可騙所有人民於一時；騙部分人民於永遠；但你不能永遠欺騙全體人民。」這正是公正歷史家的信條。

因此當〈中英北京條約〉簽訂之後，英人對華之願望可說已全部達成。大英帝國雖手下留情，在政治上沒有淪中國爲第二印度，但卻取得把中國打成大英殖民地的一切經濟權利。可是中國畢竟還未成爲殖民地。諸強蜂擁而來，則大英帝國如何保持其在華的既得利益，怎樣維持「現狀」(status quo)更從而推進之，就變成其後一階段英國對華政策的重心了。

英帝政策的蛻變與法帝的「非洲模式」

長話短說。自一八六〇年的〈北京和約〉到一九〇一年，結束「八國聯軍」的〈辛丑條約〉之簽訂的四十年間，大英帝國對華政策的縱深發展，竟逐漸從一個面目猙獰、吸血吮髓的母夜叉，變成一個捍衛中國「主權獨立、領土完整」的強有力的保母了。雖然在此期間它還是強奪了緬甸（一八八五）、「租」佔了威海衛與九龍（一八九八），但是較之俄法日之貪婪橫暴，則眞是「盜亦有道」了。九十年後又有誰知道，那原先囤集鴉片、包庇走私的小島香港，竟然變成百萬人民捍衛民主人權的聖地；原先面目可憎的帝國主義之鷹犬，如今卻變成港人折檻攀轅、望碑墮淚的循吏賢宰呢？我們對英語民族的政治修養，和統治藝術，眞要脫帽致敬。這也是他們帝國主義幻覺論者最強有力的理論根據吧?!

英國對華政策之演變當然都是以「大英帝國的永恆利益」爲出發點。但是不論進退，它都能發而中節，正如邱吉爾所說：「殺人也要殺得客客氣氣的嘛！」不像其他帝國主義，尤其是俄國與日本那樣的惡劣作風。

再說說法國。法帝國主義在清末中國所扮演的角色，原是個百分之百的「殖民主義」。它的模式便是瓜分後的非洲模式之延續。在十九世紀的非洲，歐洲各帝國主義國家，分別建立其殖民地。分據之後，彼此壁壘森嚴，互不相讓、勢同敵國。一旦歐洲本土有矛盾，則非洲亦矛盾隨之。此即法人強佔安南（一八八五）及廣州灣（一八九八）之後，向廣西、雲貴延伸之意圖也。其後德人之佔領膠州灣，據青島（一八九八），以山東爲「勢力範圍」(sphere of influence) 亦屬此類。

至於俄國，其入侵中國之方式與性質，則又爲另一型態。

疆土帝國主義的俄羅斯

前節已言之：「歐洲擴張主義」原是人類歷史在「現代階段」(The Modern Era)的時代現象。歐洲擴張主義者之向東發展原有海陸二途。上面諸節所述原是以西葡兩國作急先鋒，以英美兩國壓陣的「海上帝國主義」；而取道陸路東侵的帝國主義，就只有俄羅斯一國了。

以基輔(Kiev)為中心的中古時期的俄國，原是一個以斯拉夫民族為主體的，極其落後的北歐小國。一二四〇年（南宋嘉熙四年）基輔為蒙古遠征軍所破。其後淪為蒙古帝國之附庸凡二百四十年。至一四八〇年（明成化十六年）始擺脫蒙古統治，恢復獨立。然在此二百四十年蒙古統治期中，此一原為不東不西之小國，卻學到一些既東且西的統治技術。其尤要者則為蒙古治下之極權政府也。因此俄國恢復獨立後的第一位沙皇「恐怖伊凡」(Ivan the Terrible)，即為當時世界上凶殘至手刃太子的最恐怖的統治者。俄民斯時亦因久受蒙古之恐怖統治，一旦恢復獨立，也就追隨其恐怖的統治者，作最恐怖的擴張主義之反彈。其西方因受阻於強有力而更開化的西歐諸強，俄帝就只有瘋狂地向東推進了。斯拉夫原爲北歐之一弱小民族也。孰知一旦野性爆發，不數十年竟翻過亞歐交界之烏拉山(Ural Mountains)而成爲中亞與西伯利亞(Siberia)之第一號煞星了。Siberia者原即鮮卑利亞之轉音，我國西北邊陲內外少數民族之故鄉也。這些「少數民族」原即是一些逐水草而居，隨季節遷移，每年南北轉徙千餘公里的游牧民族。本身雖極驃悍，若無大單于爲之統一，則亦各不相屬；甚至彼此忌嫉，予入侵者以可乘之機，各個擊破。

俄人東侵時，其武力雖不過數百人至數千人，然其擁有現代火器，以故「各個擊破」之實力極強。而俄人擴張之時其殘酷程度可能在西歐各海盜國家之上。其殺人滅族、姦擄焚掠，甚至燒烤人肉佐膳，亦時留記錄，有案可稽。筆者族叔唐盛鎬博士精通俄語，彼自俄國革命後所公開之沙俄檔案中，翻閱有關史料，讀之眞駭人聽聞，不堪想像。所以沙俄東侵百餘年，鮮卑利亞眞被它殺成一片血海！所幸於十七、八世紀時，中國清室崛起，而康雍乾三朝（一六六二～一七九五）本身固亦爲一強大之陸上帝國主義也。以故於十七世紀之末，俄軍東侵至外興安嶺之西麓時，乃爲強大清軍所遏阻。一戰之下，俄軍挫敗，乃有中俄〈尼布楚條約〉（清康熙二十八年，公元一六八九）之簽訂。該條約之主款厥爲兩強以外興安嶺爲界，劃疆而治。俄人之陸路東侵至此乃告一大段落；雙方相安無事者凡一百七十年。直至一八六〇年（咸豐十年），英法聯軍攻破北京，俄人乃撕掉〈尼布楚條約〉，進佔我東北，強據我海參崴，改名俄屬「鎮東港」（俄語Vladivostok，即鎮東二字之組合也），從此爲患北方，至今未已。

然俄國自沙俄迄蘇俄俱爲生產落後之國家，在清朝與中國貿易，除大量皮毛之外，亦無太多進口貨物，故其對華貿易興趣不大，而所重者領土也。所以俄帝於晚清末葉爲一單純的土地帝國主義(territorial imperialism)，較之英國之十項全能，遜色多矣。但是在英法聯軍之役，彼竟能趁火打劫，不費一彈而盡佔我東北，並及外興安嶺以東之整個西伯利亞；且乘勢穿越白令海峽而盡佔阿拉斯加(Alaska)，與自加拿大東來之大英帝國主義短兵相接。俄人自知不能守，乃賄通美國參衆兩院，以七百二十萬美元之廉價（約五分錢一頃）售與內戰後之美國，然其以非法武力強佔我之東北全境卻寸土不還。

余讀咸同兩朝之《籌辦夷務始末》，見滿清疆吏向北京朝廷之告急文書，縱在英法聯軍推向北京砲聲正濃之時，其篇章亦以來自盛京（今瀋陽）爲最，足見俄帝趁火打劫之急切也。

俄國對華疆土之兼併，自彼得大帝(Peter the Great，統治俄羅斯四十三年，一六八二～一七二五）至史達林（統治蘇俄三十年，一九二四～一九五三），初無稍變。東起海參崴、西迄伊犁，兩國疆界綿長五千哩，俄人總是虎視眈眈，伺隙而動。其志在兼併整個滿蒙與新疆，證據斑斑。我國近代史家每舉唐魯烏梁海、江東六十四屯，與伊犁等小區爲例，眞是小看了北部鄰家。北鄰之大志固在中國長城以北之整個滿蒙與新疆也。

此種帝俄對中國之侵略遠景，受禍最大者固爲大清帝國，然清廷至此如能保住北京禁城，已屬難能，對邊疆、對藩屬也就顧不得許多了。俄帝窺邊、清室無能，乃鼓勵了東鄰日本之入寇。

日本的「歐羅巴社會」

日本在近代東方之崛起，是歷史上一個奇蹟。其崛起後竟能踵隨歐美諸強，侵掠中國，成爲第一個，也是唯一的一個黃色帝國主義，而其凶殘則較諸白色帝國尤有過之，此理殊不易解。

再者，日本文明原爲大陸上漢族文化向外擴展之邊緣，而此邊緣文化於近百年中竟能反噬其母體，其母體文明又表現得若斯之顢頇不可救，則尤使史家茫然也。

胡爲乎而然呢？在諸多解說中或以社會型態說較爲可信，且爲讀者試釋之。蓋古日本文明原甚落後，隋唐以後，僧侶學子群訪長安，日本社會制度才開始漢化。然漢唐文物典章如中央集權文官制、考試制度、徵兵制度、家族制度……均未必適合島居小國。日久變質乃與中土原制各行其是。如中國之文官制、徵兵制，原均爲代替世襲制而設計者，日本試行之，中央集權未成型，反而助長諸侯世襲，軍人職業化，而架空了中央，所謂藩幕是也。說者以日本明治維新前之社會結構，實與西歐封建末期之社會結構，極爲相似；而此一相同之結構則爲歐洲「產業革命」(Industrial Revolution)之溫床也。日本既有此溫床，蓄勢待發，因此一經與西歐接觸，符節相合，一個東方產業革命乃應運而生矣。此一「歐羅巴社會結構」說，頗能道其契機，故爲讀者述之。至於我國傳統社會之結構則爲單純的「亞洲式社會」(Asiatic society)，故與歐式經濟發展，殊嫌鑿枘不投。筆者於上篇曾詳釋之。幸讀者賢達審閱而惠教焉。

日本既以社會型態之偶合，益之以明治時代之開國精神，心物兩健，不旋踵乃崛起為侵華最後起之帝國主義矣。甲午（一八九四～一八九五）「中日之戰」後，割我台灣，奴役朝鮮，進窺南滿，中國之外患遂益形複雜，而英國在東亞大陸上之「維持現狀」政策，也就更難「維持」了。

所謂「勢力範圍」的因因果果

我們如把滿清末季英國對華政策再稍作回溯，便知英國這一「縱深發展」的政策，蓋有三個不同性質的階段（不像俄日兩國的侵華政策，前後不變，一竿到底也）。其第一階段便是統治印度之後，乃把中國看作印度第二。此一階段之發展，以一八四二年〈南京條約〉之簽訂及其後數年為巔峰。在此階段中，英國對美法俄諸強均嫉視殊甚，而其他列強亦以牙還牙，視為公敵。此亦歐洲糾紛在亞洲之餘緒也。

第二階段則自一八五八年「亞羅船事件」（The Arrow Incident），掀起「第二次鴉片戰爭」始，直到一八九八年「義和拳」之蠢動而告終。在此四十年中，英國在華與諸列強之關係則為政治妥協、經濟領先，甚或獨佔（如鴉片、如航運）。以故在此階段中「維持現狀」實為英國對華政策之中心思想。然此一思想至一八九八年終成泡影。蓋此時大清帝國「氣數已盡」，舉國癱瘓、振作無力；而歐美諸強之擴張主義卻如日中天。——原本隔洋觀火的美國，竟於此年無意中擊敗西班牙而取得了菲律賓；一夕之間竟也變成遠東的貪婪一霸。巧的是筆者那位歡喜搞「以夷制夷」的貴同鄉李鴻章，祕密與沙俄勾結以抗日本，亦於此年把旅順、大連二港租給了俄國。俄帝得此二港囊括了滿蒙，便野心勃勃地把長城以北的中國領土宣佈爲俄國的「勢力範圍」，不容他國染指了。俄國此舉侵犯中國主權問題不大，可是它也侵犯了英國的經濟利益，弄得英國在中國長城以北，路不能修、礦不能採、鴉片也不能賣，損失不貲，那就茲事體大了。

更巧的則是我們一向好勇鬥狠以「響馬」聞名全國的山東老鄉，也於這時打毀了一座德國教堂。好個藉口，德國一下便衝入膠州灣，佔領了青島，宣佈山東省爲德國「勢力範圍」。德法鄰居，法國豈肯後人，也一下霸佔了廣州灣，西南中國也就變成法國的「勢力範圍」。福建面臨台灣，日本也就當仁不讓了。

這樣一來，原以整個中國爲其勢力範圍的英國，不免慌了手腳。它趕緊佔了九龍，以鞏固其香港老巢；再一步便拿下威海衛以對抗沙俄。但是威海衛在「德國勢力範圍」之內，爲聯德防俄，它又不敢冒犯德國，否認其在山東的「勢力範圍」。它自己也想宣佈長江流域爲「英國勢力範圍」，但是長江流域早已華洋雜居，有範無圍。並且比起中國全境也範圍太小，損失太大，心有不甘。所以一八九八年的英國眞惶惶如喪家之犬，不知如何是好。最後忽然靈機一動，找出個辦法，便是乾脆不承認「勢力範圍」這一概念的存在。但是它自己勢力範圍之內的利益，又不容他人侵犯。矛盾重重如何是好呢？幸好英國政客都有優良的「巴厘滿訓練」(Parlimentarian training)，長於言辭，精於辯論。因此殖民大臣張伯倫(Joseph Chamberlain)乃有其面不紅耳不赤，一針見血的精擘之論曰：「勢力範圍，從未承認；利益範圍，從未否認。」(Sphere of influence, we have never admitted;sphere of interest, we have never denied.)

因此英國爲維持自己的「利益範圍」，則必須打破其他列強的「勢力範圍」。這一原則既定，長於辭令的政客乃把它取個名字叫做「門戶開放」政策(Open Door Policy)。所以九十年前英美兩國在中國所搞的「門戶開放」和鄧小平在目前所搞的「門戶開放」，就大異其趣了。老鄧的門戶開放是因毛澤東「閉門造車」搞得民窮財盡，才不得已來個開門請客，迎接外資外援。而九十年前的「門戶開放」，則幾乎與中國政府無關。中國想管，洋人也不理會。他們的門戶開放是不許侵華的各帝國主義在中國劃勢力範圍，搞非洲式的瓜分運動，所以中國在此均勢條件下，也不無小惠。至少可免於作眞正的殖民地。

可是英國當時要提出「門戶開放」，多少有點心虛臉紅。心虛者，它對它自己在華的殖民地如香港、九龍，它自己在華的勢力範圍如西藏，開放不開放呢？臉紅者，設英國主動送出〈門戶開放照會〉(Open Door Notes)，收文者如此反問，臉紅否耶?!

所以「門戶開放」這個世界近代史上有名的故事，其發動者實爲英國，而英國政客不願，也無此厚臉皮執行之，這樣他就想打老美的主意了。美國外交家自開國以來便一直是志大言誇、行動敏捷、滿腹理想而從不老謀深算。加以此時美國在華也沒有「勢力範圍」，更可不負責任，放言高論。因此一經倫敦策動，麥金萊總統(President William Mckinley)與國務卿海約翰(John Hay)便欣然同意，並一肩扛過。自此這項英國對華政策就變成美國的對華政策了。它爲英國利益服務而英國還要裝模作樣，對這項「美國政策」，吞吞吐吐的作有條件之保留呢！筆者走筆至此，不禁喟然有感。我想中國的外交家，尤其是鄧小平以下大陸上那些老八路，眞要多讀點英國史，才配上枱來打點國際麻將啊！

以上所述英國這幾招漂亮的手法，便是它在晚清對華政策的第三個階段了。

海約翰搞「門戶開放」的鬧劇

海約翰自承擔了「門戶開放」這宗天降大任，他便認眞的草擬了一篇〈門戶開放照會〉，於一八九九年春正式有技巧的先後分送各列強。這照會強調三項要點：一、中國領土完整(territorial integrity)；二、主權獨立(state sovereignty)；三、列強利益均霑(equal opportunity)。這項照會發出去之後，有關列強不久也就批准了，或有條件的批准了，而使此一歷史事件，永垂後世。雖然它並沒有正面解決任何問題。原因是建議人卻也是違議人（如英國）；執法者竟也是犯法者（如美國）。英美尚且如此，其他列強的口是心非就更無論矣。

美國爲什麼要執法犯法呢？蓋海約翰承擔大任之初，只知道美國本身在中國並無勢力範圍，所以心雄嘴硬也。但海氏初未想到，在美國佔領菲律賓之後，自己也變成骯髒自私的帝國主義之一了。他如以門戶開放三原則爲藉口，不許那後起之秀，雄心勃勃的日本向朝鮮和滿南侵略，則日本小鬼就要南下馬尼拉了。言念及此不覺涔涔汗下。爲著保護菲律賓，白宮主人把心一橫乃與日本再簽兩造密約，便把整個門戶開放運動出賣了。因此這位「門戶開放」先生，在歷史上雖然大名鼎鼎，但是自始至終只是一場鬧劇而已，未成氣候。再加上一個昏聵無知的葉赫那拉老太太，在此緊要關頭，幽囚了兒皇帝之外，又搞出一幕更荒唐的鬧劇什麼「刀槍不入」、「扶清滅洋」的義和團來，事態就更不堪設想了。四年之後，日俄兩個帝國主義竟集重兵數十萬，在我東北大打其「日俄戰爭」來。這一打則什麼「領土完整」、「主權獨立」、「利益均霑」，便啥也沒有了，門戶開放主義也就壽終正寢了。

不過天下事總是有其兩面性。門戶開放雖然失敗了，它在列強之中卻反應出一個列強「均勢」(balance of power)的局面。任何強權在諸強相互牽制之下，爲非作歹，都要三思而後行。滿淸政權就仰仗這點均勢，又多活了十年。否則，如中國眞的被列強瓜分了，孫中山領導的革命運動也就搞不起來了！

＊一九九〇年六月二十三日脫稿於台北國立中央圖書館

原載於台北《傳記文學》第五十七卷第一期

八、論「轉型期」與「啓蒙後」

人類是動物之一種。

按「社會行爲」來分類，則動物又可分爲群居動物和非群居動物兩大類。

像黃蜂、螞蟻、鴻雁、企鵝、鴿子、海狗，乃至馬牛羊和狼犬等等皆爲群居。牠們必須生活在一起。個體是不願離群獨居的，除非是被迫被誘而失去了自由意志。

至於其他動物如獅虎、豹子、熊貓，乃至鷂鷹和龜鼈等等，則是非群居動物。牠們多半是單幹戶，除交配之外，是各不相顧的。這是現代動物學上，研究「動物社會行爲」所發現的很有趣而不易理解的現象。

人類則是屬於前一類的群居動物。在人類的社會生活中，沒有任何個人是可以眞正地離群索居的。

既然群居，則群居動物就分群而居。這在初民的社會生活上，便叫做部落生活。

初民部落生活的特徵

但是人類畢竟是「萬物之靈」。他靈的地方是他會利用經驗來改善生活。生活的改善也不只是個體，它也包括整個的部落。所以在初民的部落之間，他們也就有優劣強弱之分。

再者人類也是群居動物中，在社會行爲上比較下流，可能也是最下流的一種。他們殘酷自私、好殺好戰好貨，也無限制的好色。他們不但個體之間如此；團體之間也是如此。不但人獸之間如此；人人之間也是如此。不但異族之間如此；同族之間也是如此。原始宗教勸民爲善，也是勸人如此行爲的。

因此現代人類學家和歷史學家都發現，初民之間的部落戰爭是打不完的。部落之間不但沒有和平共存的習慣；也沒有和平共存的觀念。強凌弱、衆暴寡，是他們價值觀念的基礎；也是生存方式最重要的一部分。戰爭既然打不完，則彼此之間就必有勝負之分。有勝負之分，也就有了統治與被統治之別。這樣發展下去就發生了不同型類的奴隸制度；再進一步，不同型類的封建制度，也就出現了。

以上是初民社會中所發生的大同小異的現象。因爲人總歸都是群居動物之一種。人的「社會行爲」是有其通性的，所以他們早期的社會生活方式，是有其類似之處。

但是人畢竟是「異於禽獸」。在他經驗累積愈多愈複雜的長期過程中，「性相近、習相遠」，由於自然環境和文化傳統之不同，他們的社會發展起來也就漸漸的南轅北轍，不是一個模式所能概括得了的了。

「國家強於社會」的東方模式之形成

試看我國古代社會的形式與發展，就有其特殊的模式，爲其他文明所未嘗有。

我國在西周時代所形成的封建制，便是那個蒙古族中，武力較強、人口較多的姬姓部落以武力強加於其他落後部落的結果。文武周公強迫這些小部落奉周室正朔，服從周室規定的封建等級，向姬姓王室服兵役、勞役、貢獻財貨，甚或去掉其原有酋長，改奉

「姬姓諸侯」爲本部落的領導。——總之它是以半獨立部落主義，作爲當時政治社會的基層結構的。但是這個結構歷時數百年，經千萬場部落戰爭，彼此兼併的結果，到戰國時代（公元前四〇三～前二五六）就無法繼續了。迨秦始皇剷平群雄，把東亞大陸統一成爲一個強大的帝國，這種以部落主義爲基礎的封建制度，就徹底崩潰了。

爲著適應新時代的新需要，秦人乃根據他們原有的比較有效、更有進步意義的「秦制度」，從事一個全國性的改革開放和變法改制。這就是我們中小學歷史教科書上所說的「廢封建、立郡縣；廢井田、開阡陌」了。前者是政治改制；後者是經濟開放，化公爲私，根據供需規律，提高農業生產。

這是我們中國——不是，是我們東方，政治經濟制度的大奠基；也是我們東方民族，第一次社會生活的大「轉型」——從一個高等群居動物的「部落主義」(tribalism)，轉上一個以自由農業生產爲主的經濟制度；和中央集權，而以高度科學化的文官制度爲骨幹的，天無二日、民無二王的宇宙帝國(universal empire)的政治制度。

在這個新制度和新的生活方式之下，它繼續不斷的統一了千百個還生活在部落主義方式下的「少數民族」。把他們通統納入一個「書同文、車同軌、行同倫」的混合民族

「大熔爐」中，去稱兄道弟，共拜祖宗；同其安樂，也共其患難。各民族之間的畛域終於漸次消滅，而至於天衣無縫。

這項諸民族不斷融合，文化不斷成長，而生活方式和政治經濟制度卻一成不變的觀念與實踐，竟歷兩千年而未稍衰。兩百多年前雍正皇帝對西南少數民族實行「改土歸流」，還不是「廢封建、立郡縣」的延續？兩週之前，台灣剛選出的六位「山胞立法委員」，不也是這項民族融合的最新事例？

民國初年在「五色國旗」——每色代表一族——之下就任臨時大總統的孫中山先生，反對「五族共和」這個概念，就是因爲這個概念不符史實。縱然時至今日，中國境內還有「少數民族」五十個以上，則秦漢時代的數目不是十倍百倍而有餘？「五族共和」哪能概括得了呢？

所以「中國」不是像英法德義或愛爾蘭、烏克蘭那樣單純的「民族國家」(nation-state)。「漢人」（洋人口中的Chinese）也不專指某一特定民族。「漢」原是個地理名詞，後來發展成一個朝代的名稱而已。正如「亞美利加」原是一個人的名字，後來變成西半球兩個大陸的名字；最後竟變爲擁有數百種民族的「美國人」(Americans)所專用的共名。當年東亞大陸上的「漢人」正和今日北美大陸上的「美國人」一樣，它並不代表某個特定的民族；它是千百種民族大融合之後的一個共名。只因融合日久，它終於使用一種共同語文，形成了今日所謂「漢語民族」。正如二次大戰前後，那位十分自豪的邱吉爾所強調的「英語人民」(English-speaking people)一樣，是個「書同文」的文化現象。只是到目前爲止，那些黑白分明的「英語人民」，還沒有眞正地融合成一個「英語民族」罷了。

我的老朋友張綏教授最近證明今日中國境內並沒有個「猶太民族」。但是張教授也不否認猶太民族早日移民中國的歷史。只是時歷千年，猶太民族已與漢語民族融合得天衣無縫罷了。——這可能是三千年猶太移民史中極少有的例外。在一般情況之下，猶太人是絕少爲土著民族所同化的。不過秦陵兵馬俑不早就說明，遠在兩千年前，我們的國防軍已經是一支不同民族的混合部隊了嗎？

因此在兩千年前，由漢語民族所推動的那一次社會「轉型」運動，原是一種自發性的、起自社會內部，而具有世界規模的社會模式大轉型。推動這一轉型的主觀、客觀、必然和偶然的千百種基因，是說不盡的。它和發生在西歐、北非、中東、南亞，結果完全不同的其他民族社會的轉型程序一樣，不是起於某一單純的社會，或某種特殊的基因，而單線發展出來的一種所謂「歷史的必然」。

更具體一點的說，這次東方民族社會的大轉型，是起於公元前四世紀中葉的「商鞅變法」，而完成於公元前二世紀末由漢武帝所落實的「鹽鐵專賣」。由這次轉型，從封建社會轉變到「國家強於社會」這一特殊模式的「宇宙帝國」，其後竟變成一種「定型」。一延兩千餘年，沒有發生基本上的改變！——在這兩千餘年中，朝代興亡、民族分合、文化盛衰、英雄起伏、生產升降、商業脹縮……千變萬化，更是說不勝說。但是換人不換馬，運行於這個定型之中的政治經濟的組織原則，社會各階層成員的生活方式，一般知識分子的思維邏輯、倫理與價值觀念的社會基礎等等，卻穩如泰山，絲毫未動。根基既然屹立不移，則社會的上層建築縱有劇烈的變動，也萬變不離其宗。

從「千年不變」到「十年一變」

再把範圍縮小來說。那約束人民社會行爲的「三綱五常」，不但絲毫未動，就小到如「父母之命」的婚姻制度、嫡庶同居的多妻習俗、「守孝三年」的喪葬舊禮、「三考取士」的科舉考試、之乎也者的晦澀文言、五言七言的舊體詩歌、載歌載舞的表演藝術、水墨爲主的傳統國畫、千篇一律的宗教雕塑……，乃至於痛苦呻吟的裹腳纏足，哪一項不是千年不變呢？

生活方式不變，並不是說社會沒有進步。其實兩千年來，就科技發展來說，至少有一千年是「東風壓倒西風」的。中國的「四大發明」不用說了，就是內外科醫術、製瓷、繅絲、造船等，直至現代前期，中國都是領先世界的。但是科技之進步與生活方式之變化是互爲表裡的。從常理推測，或根據白種民族的歷史經驗，則科技進化必然會導致生產力的遞增；生產力的不斷上漲，勢必要引起社會生活方式的變動。從而產生出「資本主義」。但是在那國家強於社會的傳統中國裡，這種社會自然進化的力量，卻克服不了本社會中已經制度化而早已根深柢固的社會惰性。這一惰性也就限制了科技在促進生產力方面的發展。相反的，它卻發生了抑制生產力的反作用，而遷就其一成不變的傳統生活方式。

換言之，人工製造的社會惰性，爲自然發展的社會生產力設限；自然發展的社會生產力有了極限，則生產力就不能促進社會本身作性質上的變化。如此一來，則社會發展的程序，也就就地打轉，兩千年不變。資本主義也就永遠出不來了。

但是話說回頭，「不變」又有什麼不好呢？因此我們的哲學家、思想家、宗教家、政治家，都沒有覺得不變有什麼不好。相反的，大家對現狀不滿，卻認爲是今不如古，變壞了的結果。把烏托邦、理想國，建立於四千多年前的堯舜時代，大家就裡應外合地搞出一套完整的東方文化的體系來。——這個文化體系與「西方文明」、「中東文明」、「印度文明」、非拉的土著文明是截然有別的。他們分別發展，各具特性，不是任何單純的社會模型或發展公式可以概括得了的。

可是我們這個就地打轉、千年不變的社會發展的模式，在十九世紀中葉，突遭衝擊。既經衝擊，我們這個「靜如處子」的古老社會，忽然就「動如脫兔」的變了起來——簡直是十年一變。一變則面目全非。女大十八變，一百五十年來，我們那個千年不變之習，一下就變了至少十五變。清末民初的古代不去談了，就看蔣毛二公逝世後的最近二十年，海峽兩岸各自在政治社會上的性質變化，就何止三變？

慢說「三變」，就是一變——如台灣的「言論自由」和大陸上的「一國兩制」，在傳統中國都是一千年也變不出來的花樣啊！讀者可能不以爲意，因爲你「身在此山中」

。我們搞歷史的一翻歷史書，就大驚失色了。

兩岸今天還在變啊！大陸上要變出個「有中國特色的社會主義」；台灣要變出個「沒有中國特色的資本主義」……。窮則變、變則通。變「通」了，則可以維持五十年一百年，甚至兩千年不再變了。這就是所謂「定型」。變而未通，就只好繼續變了。歷史原是沒有底的嘛！時間反正多的是。——但是生爲「華裔」，我們總希望這個「通」和「定型」早日到來。

「突破」與「轉型」的規律

反過來再問一句：中國歷史原是千年不變的嘛！爲什麼一旦變起來，便十年一變，變得沒個底呢？簡單的說來，就是個「瓶頸」的問題了。文化和社會的發展都會發生瓶頸淤塞的現象。瓶頸一旦淤塞，則文化和社會的發展，就要像上節所述，只能就地打轉，盤旋不進。永遠衝不出瓶頸，則只有老死、橫死或老而不死，帶病延年，慢慢拖下去。

這項衝出瓶頸的程序，在哲學上叫做「突破」；在史學和社會學上則叫做「轉型」

——由某種社會模式轉入另一種社會模式，以圖繼續向前發展。可是不論「突破」也好，「轉型」也好，二者都有「窮則變」的規律。換言之，也就是一宗文化或一個社會，當其面臨崩潰，滑坡至山窮水盡之時，人心思變，它就變。相反的則是一個欣欣向榮的社會，或一個居高臨下、傲視四方、自滿自足的文明，它也不會庸人自擾，主動的去求變。把這一歷史現象概念化一下，也可說是衰世文化就要變；優勢文化則不變。

變也有「量變」、「質變」之別。量變則是「改良」；質變則是「改制」。改制亦有文改、武改之別。文改則爲「變法」；武改則爲「革命」。革命亦有「畢其功於一役」的「一次革命論」；也有積小革命爲大革命的「多次革命論」，也就是孫中山所說的「革命尙未成功，同志仍須努力」，大家慢慢革下去。

試看今日美國。美國是以都市爲靈魂的現代化國家。可是它今日的靈魂已變成匪窟、毒區、妓寨和相公堂（同性妓院）。它這個重於國家的社會，已被個人主義的濫用而瀕臨崩潰的邊緣。它如果不能實行一項徹底的「變法改制」，它這個「瓶頸」便永無突破之一日。但是美國佬如今忙於捍衛他們的「美國生活方式」(The American Way of Life)之不暇。他們的嬉皮大總統正爲著「中國的人權問題」、前南斯拉夫境內和中東北非等地的「部落問題」忙得不可開交。他們怎會想到那些朝朝寒食、夜夜春宵的「美國生活」也急需搞個「變法改制」呢？我們這些外國來的旁觀者清的教授老爺，偶在課室之內講講笑話，鼓吹變法改制，說得黑白學生起立鼓掌、歡騰一片，而我們的美國土生上司們，還以爲你在危言聳聽、鼓動學潮，要加以杯葛呢！本來嘛！一個正處於巓峰狀況的優勢文明，怎會想到它的燈紅酒綠之間也已經暗藏殺機呢？美國今日之變不了法、改不了制的瓶頸，正和我國兩千年不變的道理如出一轍。

「漢族中心主義」與婆媳循環

兩千年來，我們的朝代嬗遞、農民暴動，中原板蕩、夷狄交侵，老百姓慘不忍言呢！但是我們這個「文化」卻始終沒有喪失它那自高自大、自滿自足、居高臨下、傲視四夷的崇高地位。——再用一個文化學上的術語來幫助解釋，這就叫做「漢族中心主義」(Sinocentrism)。我們這個滾雪球式不斷擴大的「漢語民族」，常常被「四夷」、「五胡」打得灰溜溜，有時甚至血流成河、屍橫遍野；我們皇帝對異族的統治者叫爸爸叫哥哥。被人家活捉去了，也不惜忍辱偷生，穿起女服務生的制服，向外族主子「青衣行酒」。

但是奇怪，我們這個「漢族中心主義」卻始終沒有動搖過。君不見當十三世紀邊疆少數民族的蒙古人入侵中原時，他們不是搞一蒙古二色目，把「漢人」打成三等公民？更不見他們把一向「以天下爲己任」的漢族臭老九，排班在「妓女」之下，「乞丐」之上（所謂「八娼九儒十丐」）。但是曾幾何時，元朝大皇帝不也要開科取士。滿口文武周公的臭老九，不還是「四民之首」？

總之，我們傳統「中國」凌駕「四夷」的中心主義的觀念，蓋遠在商周時代即已萌芽，至秦漢大一統之後而變本加厲。自此以後漢家制度在東方人的觀念中就成爲天下的通制。——什麼君臣父子、貧富貴賤、男尊女卑、士農工商等等的社會結構、生活方式，人人視爲當然。不用說明君賢相、公卿大夫不想去變動它，縱是被壓迫階級出身的私鹽販黃巢、小和尚朱元璋、貧下中農李自成、張獻忠也不要去改變它。——滿腹怨恨的媳婦，只想去做婆婆；做了婆婆，再去虐待媳婦。因此我們傳統社會的發展，便在婆媳之間作惡性循環，兜了兩千年的圈子！

或問：婆媳之間爲什麼不能搞點「自由平等」、「民主法治」、「保障人權」呢？

答曰：這些文明概念，基本上與群居動物社會行爲的通性是不符合的。傑弗遜說：「人人生而平等。」其實嬰兒呱呱墜地，智愚兩分、強弱互見，有什麼生而平等呢？

「自由平等」是社會力量平衡的結果

平等是一種首見於西方社會發展經驗中，兩種社會力量相爭而互不相下，結果和平共存、平等相處的結果。有平等才有民主、自由、人權、法治……，它們都是先有此社會經驗而概念化始隨之而來的。（筆者曾另有專篇詳論之，此處不再多贅。）

我國通俗笑話書上有一首打油詩嘲笑歡喜在牆上寫詩的詩人。詩曰：「滿牆都是屁，爲何牆不倒？兩邊都有屁，所以撐住了！」

所以所謂「自由平等」、「民主人權」等等這些現代文明的精髓，都不是什麼神聖先知的告誡，或聖主明君的恩賜。它們是西方社會發展過程中，偶然出現的「兩個屁撐住了」的結果。——而兩千年來，我們「漢族中心主義」所發展出來這個「國家強於社會」的模式，則始終是個「一邊倒」的模式。只是「一邊牆有屁」，則一座平等之牆就永遠不能出現，社會永遠不能「轉型」；宇宙觀也就永遠不能「突破」了。但是在我們這個古老的模式裡，媳婦終有做婆婆之一日。小和尚也可做皇帝；牧牛兒也未始不可點狀元……，社會也不無公平合理之處。胡適曰：不覺不自由，也就自由了。大家心安理得，也就無意求變了。

馬克思認爲社會的發展是生產的社會關係變動的結果，至理明言也。但是馬氏的老師黑格爾則認爲群衆的集體意志，也足以決定群衆的集體行爲。把他們師徒二人的智慧交互爲用，則歷史家對我們「漢族中心主義」兩千年不變的認識，雖不中，亦不遠矣。

「十年一變」是「轉型」的階梯

以上各節是說明我們東方「漢族中心主義」的宇宙觀，何以數千年無法「突破」(breakthrough)；「國家強於社會」的政治經濟結構，何以兩千年沒有「轉型」(pattern change)?

以下則要說明，我國「千年不變」的老制度，何以在十九世紀中期，也就是「鴉片戰爭」（一八三九～一八四二）以後，忽然來它個「十年一變」？

君不見鴉片戰後，不及十年（一八五〇），便出了個儒釋道三妖通吃的洪秀全；再十年之後在政制上又冒出個兩千年未嘗有的外交部（總理衙門）；其後接踵而來便是李鴻章的洋兵洋操、康有為的君主立憲、義和團的扶清滅洋（一九〇〇）、孫中山的建立民國（一九一二）和胡適的全盤西化（一九一九）。差不多都是十年一變。而每一變都是傳統中國千年也變不出的新花樣。

再看我們「五四」（一九一九）以後出生的這個「老輩」——打我們記事時起，不是每十年一個不同的中國？且看二九（國民黨的統一和內戰）、三九（抗戰）、四九（人民中國建國）、五九（大躍進）、六九（林四文革）、七九（三中全會）、八九（六四）、九九（？）。——也不是十年一變，而且每一變都面目全非；每一變還不都是老中國千年也變不出的新花樣？

古語云：「寧為太平犬，不作亂世人。」筆者這一代便是不幸地生於這段人不如狗的亂世。跟著時代翻了七八個觔斗，被翻得家破人亡，還不知伊於胡底？倖存海內，哪家沒有一本「難唸的經」；偷生海外做「美國人」做「台灣人」，日子也不那麼好過。

痛定思痛，生為現時代的中國人，何以一寒至此呢？一言以蔽之，我們是不幸地生在中華民族史上第二個「轉型期」中，而「十年一變」正是轉型的階梯啊！社會轉型是痛苦的，是長期的——尤其是這個第二次轉型。它不是自發的、漸進的。它是西方帝國主義欺逼之下，突發的劇烈的民族運動和社會運動。吾人親身捲入這場浩刼，竟能倖存。套句四川話，也應該自慶「命大」了。

「定型」和帝國主義的關係

但是我們社會這個「第二次轉型」，要轉出個什麼樣的「定型」來呢？那樣我們就得搜搜那些壓迫我們轉型的西方帝國主義的老根。筆者不學，不想效顰先賢再寫一本東西文化及其哲學。只是數十年來在多民族的大學課室裡所說的話，而爲各民族青年所能欣然接受者，再以漢語簡述之，以就教於海內賢達耳。

原來也以部落生活爲基礎的古代白人社會，最初在羅馬共和，尤其是與我們東漢同時的羅馬帝國的幅員之下，也有逐漸統一的趨勢。不幸羅馬帝國本身就始終沒有擺脫部落的傳統。西羅馬帝國便是內亡於藩鎮跋扈；外亡於蠻族入侵。西羅馬既亡，西歐爲蠻族（今英法德義人之祖宗）所盤踞，而此諸多蠻族雖終爲天主教廷所統一，在精神生活上漸漸趨向於「行同倫」，但在政治組織上卻四分五裂。直至九世紀以後，這些原始部落始逐漸進入略同於我國春秋時代的封建制。由封建時代他們也很快的進入一個相互兼併的戰國時代。由於國際間的激烈競爭、生產力之不斷增長，和中小城市之迅速出現，他們在戰國末期也出現了「諸子蠭起、百家爭鳴」的現象，這在西洋史上便叫做「文藝復興」（一三〇〇~一六〇〇）了。

凡此種種，中古的歐洲和先秦的中國，在社會發展的程序上，都有其維妙維肖的相似之處；只是西歐較東亞要晚了一千五百餘年就是了。

可是在「封建後」(post-feudalism)的發展中，東西雙方就完全南轅北轍了。在東方，我們形成了一個「國家強於社會」的大帝國。在這個模式裡我們迂迴了兩千餘年，未能突破，已如上述。在封建後的歐洲則出現了無數個「民族國家」——燕趙韓魏齊楚秦平等競爭的局面，而他們的民族王國之間，卻始終出不了一個秦始皇來削平群雄、統一歐洲。

就在這諸多民族國家競爭最激烈的時候，他們的航海技術也有了迅速的突破，使達伽馬於一四九八年繞過了好望角直航印度，打開對東南亞的通路。哥倫布於一四九二年也發現了美洲。不旋踵之間，原先那些不見經傳的歐洲海盜小國，一個個都變成向海外無限殖民、無限掠奪的大殖民帝國，吸血吮髓的赤裸裸的帝國主義。

亞非拉的無限財寶，無限的良田沃壤，迅速的養肥了歐洲，刺激了生產，引起了工業革命，壯大了城市，也培養了迅速成長的城市中產階級。它對上要架空王室、排斥教會、奪取政權、解放思想、爭取自由。對中層的自己夥伴，則要搞民主法治、公平競爭、按理出牌。對下層工農，則恩威兼施、禁止造反。……迅速地一個「社會強於國家」的模式，便在西歐各國出現了。資本主義也就隨之而來。以此為基礎的「歐洲中心主義」(Eurocentrism)的宇宙觀，也就囊括了世界。凡與這一宇宙觀牴觸的一切事事物物，不是「野蠻」(barbarian)，就是「異端」(heresy或paganism)。非其種者，鋤而去之。在這場疾風暴雨之下，這個地球就是「歐洲擴張主義」(European expansionism)的天下了。

也就在這場疾風暴雨之下，古老中國的大門被英國的鴉片毒販所衝開。那宗老弱無力而昏聵自大的「漢族中心主義」，就和來勢洶洶而新興的「歐洲中心主義」短兵相接了。

向「歐洲中心主義」逐步讓位

衆所周知的，中西文化一經接觸，我們那經歷兩千年無勁敵的「漢族中心主義」就被摧枯拉朽了。因此一八四二年以後的中國近代史，便是一部「漢族中心主義」向「歐洲中心主義」的不斷讓位史。——也就是由傳統中國的社會模式，向現代歐洲的社會模式讓位的「轉型史」。

有許多現代史家，爲顧全我民族的尊嚴（其實只是面子），乃把這段歷史美其名曰「中國現代化運動史」。其實「五四」以前的中國現代化運動與西化運動本是一個銅元的兩面。「西化」就是「現代化」啊！

在這歷時八十年的「西化」過程中，我們首先向西方讓位的是以「船砲」開始的科技西化。魏源（一七九四～一八五六）所說的「師夷之長技」之謂也。在這項科技現代化的過程中，做得最起勁，工作最有成績，失敗也最慘的，要算是李鴻章（一八二三～一九〇一）和他的「北洋海軍」了。

可是縱在北洋海軍全軍覆沒（一八九四）之前，通洋務、有學識、有眼光的中國知識分子，已看出科技現代化而沒有政治現代化相配合是徒勞無功的。這群人中之佼佼者，要算是張之洞（一八三七～一九〇九）和康有爲（一八五八～一九二七）了。但是張之洞畢竟是個做事謹慎而畏首畏尾的老官僚。他雖早已看出「西藝（科技）非要、西政爲要」，他卻不願挺身而出，大力謀求政治改革。可是比張小二十一歲的康有爲遠在一八八八年就不顧一切，直接向皇帝寫信，呼籲變法改制了。

早年的孫中山（一八六六～一九二五）雖然也是個改良派(reformist)，但是早在戊戌變法前四年（一八九四），他就已經看出舊瓶不能裝新酒。要搞政治改革，就得「驅除韃虜、建立民國」，推翻滿清專制，徹頭徹尾，重新來過。

在清末這三位政改專家是一個比一個激烈的；一個比一個徹底的。也可說是「漢族中心主義」向「歐洲中心主義」讓步，愈讓愈多。到孫中山名下，簡直就變成政治制度全盤西化，徹底轉型了。

但是他們三位先哲卻拖著一條共同的尾巴——他們都不願和這個古老的「漢族中心主義」一刀兩斷；而偏要婆婆媽媽地來個藕斷絲連。

張之洞搞的是「中學爲體」，不必談了。康有爲鼓吹的分明是個英國模式的「君主立憲」，他卻偏要搬出傳統的「今文經學」作陪襯，以表示他所致力的「變法改制」，是「爲往聖繼絕學」，不是以夷變夏。

孫中山本是領導我們搞政治全盤西化的華盛頓，但是他老來也偏要自認是「承繼文武周公的道統」。什麼是文武周公的道統呢？三綱五常？君臣父子？男尊女卑？貴賤有別？士農工商？子分嫡庶？婚有妻妾？……這樣承繼下去，哪還有什麼「民國」呢？

凡此並不是表示我們老一輩的思想家的「思想」不徹底。天下並沒有什麼「徹底的思想家」；甚至沒個一思便不再思的思想家。尤其是政治思想家，他們都是他們自己時代的發言人。在上述三位老輩的時代裡，我們的社會，我們「漢族中心主義」的宇宙觀，對西方模式的讓步還沒有讓到最後階段。衰勢文化對優勢文化的讓步，原是步步爲營的，能不讓就不讓。它不被逼到山窮水盡、渣滓全銷、無懈可擊之時，它這個「對立面」只有被摧枯拉朽的份兒。它是作不出有效的反彈的。

「對立」、「統一」和「階段性」

且套用一句黑格爾和恩格斯辯證法上的術語，一個「正」（統一，thesis）向一個

「反」（對立面，antithesis）加壓力，這個「反」只有到無懈可擊之時，它才能發出有效的反彈；與「正」重行組合以產生一個「新的統一」（合，synthesis）來。

再舉個最具體的例子。在清末提倡西學最爲激進的思想家康有爲，他本人便有妻妾六人。有妻有妾在「漢族中心主義」和孔孟道統之中，都是名正言順的。但是在一個優勢文化的「歐洲中心主義」挑戰之下，這位新人物就是個行同禽獸的異端和蠻族了。孫中山後來便在這項西俗挑戰之下讓步到底。也只有讓步到底，我們今日才能向愛滋橫行的西方社會，在性道德和婚姻制度上，作出有效的反彈，而再來個東風壓倒西風。——此是後話。

所以過去一百五十年我國的社會轉型運動——不管你叫它「西化」也好，「現代化」也好——它都顯示出清晰的「階段性」。它從科技改革開始，進步到政治體制的改制；再從君主立憲的構想，通過「辛亥革命」落實到議會政府的實習。每一階段都有或大或小、或明或暗的進步（也可說是對「歐洲中心主義」作更多更大的讓步）。當然也有表面上或大或小的逆流，使人感覺到「民國不如大清」。

不過這些十年一變的小階段都是過渡性的。既然是過渡性的，沒有永恆或較長時期存在的屬性，則每一階段的發展就必然以失敗結束。這也就說明了近一百五十年來，我國出了無數個「失敗英雄」的基本原因。但是這種帶有明顯階段性和進步性的失敗，也正是成爲引發和推動次一階段發展的基因。如此生生不息，一階段一階段地向前推移。窮則變、變則通，終於推入其「最後階段」，百川滙海，發展出一個百年，甚或千年不變的「定型」來。只有在那個「雖百世可知也」的「定型」形成以後，中國文明才能恢復它已失去的「優勢」；才能有效地向現有的西方文明作「反彈」，而推動全人類的歷史進入其「超西方時代」(The Post-Western Era)。

筆者作此妄語，是否是「國學大師」式的自豪自信，認爲中國文明是世界之最哉？非也。只是我們東方社會這次「轉型」已轉了一百五十年。一百五十年的經驗已替我們累積足夠的數據(data)。就根據既有的數據，把「過去」看清楚，一個社會科學家不需有太多的「數學矩陣分析」(mathematic-matrical analysis)的訓練，也可據以推算「未來」，用不著像陳摶（？～九八九）、邵雍（一〇一一～一〇七七）那樣去尋找超自然的象數了。

從全盤西化到如何西化

要言之，我國近一百五十年的「西化」（現代化）過程裡，一九一九年發生的「五四運動」應該是個分水嶺。五四之前我們的現代化運動的重點是「漢族中心主義」向「歐洲中心主義」被迫讓位的問題。迨「五四」前後「新文化運動」發生了，我們這個「讓位」過程已在文化上一讓到底——是所謂「打倒孔家店」也；是所謂「全盤西化」也。所以五四之後，已經不是應否西化的問題，而是如何西化和選擇那樣西化的問題了。「新文化運動」原是個「啓蒙運動」，則繼之而來的便是「啓蒙後」的問題了。

「全盤西化」之初次提出是驚世駭俗、全國譁然的，但是它也是勢如破竹，當者披靡。讀者今日可能尚有不服的。但是閣下與我都不妨對鏡自窺，你我除掉黑眼球、黃皮膚之外，我們上自網球帽，分裝髮；下及洋襪、皮鞋，我們身上還有哪一點沒有「西化」？西化原是個生活方式。試問我們自早晨起床，刷牙漱口，上班上學，到晚上看電視、穿睡衣上床；除掉拿筷子吃飯之外，我們的傳統生活方式，還剩下幾兩？西化是個價值觀念，是一種文化心態和教育內涵。讀者試思，我們從九年國教到四年大學，我們學了一身本領，有幾項本領是來自傳統國故？有幾項不是來自西方？我們連中國語文的教學，都徹底西化了。

朋友，吾日三省吾身——我們的生活和思想，至今還有幾項沒有西化？嗚呼哀哉，我們都早已「全盤西化」了。只是其來者漸，我們都不知不覺罷了！——這種全盤西化的過程，只是五四以後的一代，才心服口服的啊！但是站在五四這個分水嶺上，左手承先、右手啓後來推動這項全盤西化的「啓蒙大師」，我們就不能不公推胡適爲首了。

胡適的兩大「突破」

胡適（一八九一～一九六二）在這一階段中的貢獻，蓋可歸納之爲兩大「突破」：第一，他突破了孔孟和儒家在「漢族中心主義」中所製造的瓶頸，而使「獨崇儒術」恢復到先秦時代，群經與諸子平等的地位。這也就是把董仲舒以後，二千年來「被扭轉的歷史再扭轉過來」。是一種文藝復古、文藝復原的文化運動。須知歐洲「文藝復興」(Renaissance)的原義就是文藝衝開中世紀教會所製造的枷鎖，而復希臘羅馬之古啊！不破不立。現代的歐洲文明之崛起，「文藝復興」實在是第一砲。胡適所領導的「中國文藝復興」(The Chinese Renaissance)，高唱「整理國故、再造文明」，在現代中國所發生的作用，也正是如此。

第二，胡適更進而突破了「漢族中心主義」這項自我束縛的民族文化的瓶頸，而代之以「歐洲中心主義」的宇宙觀。要中國民族文化的領導地位乾脆讓給洋人，以夷變夏。這是一樁放開小我，提高理智，極其大膽的「啓蒙運動」(The Enlightenment)；也是那原先發自十八世紀巴黎的歐洲啓蒙運動之延續。歐洲的啓蒙運動是文藝復興末期，科學知識大躍進的結果。在新興的科學（尤其是物理學、天文學、生物學和人類學）光彩照耀之下，那原先的「造物主」(Creator)上帝的權威，整個動搖了。

可是上帝是今日所謂「西方文明」的總根；是白種民族安身立命不可一日或缺的精神源泉。上帝一旦不見了，則整個社會都要惶惶如喪家之狗，如何得了呢？所以他們在十八世紀這個所謂「理智時代」(The Age of Reason)，要把上帝、大自然和人類文明中新近才被解放出來的「理智」(reason)作個適當的安排。三造和平共存，相安無事，一個史無前例、光彩輝煌的近代西方文明，就在歷史上出現了。

胡適所領導的中國啓蒙運動，也正是如此。它不是受科學發展的影響，而是受西方優勢文明挑戰的結果。在佔絕對優勢的西方文明挑戰之下，我們那至高無上的孔老夫子的權威，也整個動搖了。

孔二先生那個孔家老店，搞壟斷貿易，已搞了兩千多年，把我們消費者壓慘了。所以胡適要率領紅衛兵「打倒孔家店」。朋友，你縱使是國學大師，你說孔家店不該打倒？你縱是神學大師，在新興的「進化論」的科學論證之前，你還要堅持「人是上帝造的」？

不破不立。舊的不去，新的不來。不把孔家店打個稀巴爛，新的思想便無法生根。新的西方學理，就引不進來。

「胡老師，本位文化真的就一無是處？」他的不疑處有疑的學生不免要懷疑一下。

「哪個民族，能丟得掉他們的本位文化？」

真的，十八世紀的歐洲丟不掉「上帝」；二十世紀的中國能丟掉孔子？把孔家老店要不顧一切徹底的破壞掉？孫中山不也說過「破壞難於建設」嗎？打倒孔家店，只是個反托拉斯的運動，並不是要毀滅孔子。

果然，舊文化、舊思想，落荒而去。

新文化、新思想，就隨著新的文化傳播工具（語體文）排山倒海而來！

去歲余訪瀋陽「帥府」，見壁上斗大金字，歌頌張少帥是「千古功臣」。這就是《漢書》上所說的「曲突徙薪者無聞澤；焦頭爛額者爲上客」的標準例子了。焦頭爛額的張學良，怎能比得上曲突徙薪的胡適之呢？

若論共產主義在中國之興起，「千古功臣」應該是毛澤東的老師胡適之啊！

水清無大魚

可是胡適對他自己在文化發展上所作出的成績，和歷史發展中所負的責任，卻一輩子也未弄清楚。他一會兒西化，一會兒現代化，一會兒又是世界化。說了數十年，說得不知所云。

記得四十年前，余嘗把大陸上批胡之作，一篇篇地攜往胡氏公寓，燈下與老師共讀之，其樂融融。那些批胡之作雖多半都是「打差文章」，但亦不乏眞知灼見的傑作。那時我尚年輕，遇有可誦者，我即以老師不牽鼻子之矛，以攻老師被牽鼻子之盾，和他認眞辯難。適之先生爲筆者所親炙的最有容忍風度的前輩。但是他也是一位有七情六慾的老先生；我們師徒所見亦每有不同，而我學習的態度又十分認眞——不被說服，即不願苟同。所以有時老師也有幾分惱火。他不喜歡一個學生，爲一個有眞知灼見的批胡者助陣嘛——這也是胡師很可愛而不矯情的地方。

本來嘛！一位開創宗派和山門的思想家、哲學家和宗教家像孔子、老子、墨子、釋迦、蘇格拉底、耶穌、穆罕默德、馬克思、杜威等等，他們成佛作祖，往往都是無意間得之；甚或出諸百分之百的偶然。他們生前也往往不知道自己「一輩子在搞些什麼」？這句話就是適之先生親口告訴我的「夫子自道」。老實說，這也是我這位弟子在「夫子自道」中，所發現的百分之百的眞理。

耶穌這個小猶太牧羊仔，生前哪知道他死後會搞出個那麼偉大的宗教來；兩千年後他的生日派對，還那樣風光？穆罕默德根本是個文盲，造反有理，當了皇帝。但是他又怎知道他那些文盲之言，後來竟成爲穆斯林文化的總根呢？

以上所說的是宗教。再看比宗教更有力量的馬克思。馬老在一八八三年入土之前，就抵死不承認他是個「馬克思主義者」。今日世界上偉大的馬克思主義者，年老了，動不動就說他要去見馬克思。眞要見了馬克思，可要當心老馬的拐杖呢！

總之，成佛作祖的思想家、宗教家，都是聖之時者也。他們是站在各自時代的尖端的智者和賢者。按照時代的需要，以言教身教來推動或逆轉他存身的社會發展。但是他們思想和信仰的成長的程序都是複雜的；他們思想的效驗與影響亦有賴於歷史前進中的長期實證，因此水清無大魚，人類歷史上任何宗教和文化的巨人，其思想體系都是朦朧難辨的。他一旦捐館，弟子信徒和新仇舊怨，就各是其是，各非所非。因此儒分爲八，墨別爲三；佛有十宗，回有兩派，耶有百種，馬有千家了。

胡適這位中國近代思想史上，最有影響力的思想家，也跳不出此一通例，因此當他在逐漸向歷史海洋下沉的今日，他的思想體系、學術貢獻、影響大小、功過何在，也早就言人人殊了。

而今而後，批胡者固早有百家之先例；而研胡繼胡者，各覓師承，也尋之不盡了。

「一國兩制」和「半盤西化」

再者任何思想家都是主觀的；都具有強烈的排他性。不患不知人，患不己知也。因此他對他自己思想的歷史背景很難有客觀的認識；他對他自己加於將來社會的影響，也絕對不能逆料。——胡適也是如此！

舉個切實的例子來說吧：胡適言必稱杜威，稱了一輩子，爲什麼結果在中國反搞出個列寧來了呢？這是他所不能逆料，也不能提出合理解釋的地方。但卻是我們今日要提出的「啓蒙後」(Post-Enlightenment)的問題了。

須知我國歷史上第二次社會大轉型（從中世紀的東方農業社會的型態，轉向現代西方工商業的社會型態），實始於一八四二年〈南京條約〉之簽訂。但是你可知道〈南京條約〉簽訂後的六年，一八四八年，歐洲又出了個〈共產黨宣言〉(The Communist Manifesto)?

〈共產黨宣言〉意味著什麼呢？〈共產黨宣言〉的發表是「歐洲中心主義」分裂的開始。遠在文藝復興的初年（一三〇〇以後）和宗教改革的高潮（一五二〇），歐洲的文化與思想，區域性已十分顯著。在十九世紀中期歐洲中心主義開始分裂時，多少也是按老區域劃線的。

不幸的是當歐洲文明日趨分裂之時，也正是我們中國西化運動逐漸加深之日。結果呢，就在我們決定搞全盤西化之時（一九一九的五四運動），也正是他們徹底分裂之日

（一九一七的十月革命）。

試問我們搞「全盤西化」的啓蒙大師們（胡適和陳獨秀都是），現在「西化」一分爲二，你們也只能搞「半盤西化」了，你搞哪一半呢？

胡適選擇了杜威。

陳獨秀選擇了列寧。

兩位老友分道揚鑣，《新青年》也就變質了；「啓蒙後」中國也就一分爲二，「一國兩制」了。——一國兩制是從一洲兩制開始的。

所以「一國兩制」不是鄧小平發明的呢！它是胡、陳二公根據「一洲兩制」首先搞起的。只是胡、陳的模式是個你死我活的模式；「既生瑜、何生亮」的模式。鄧公的模式則是個和平共存，「你死我做和尚」的模式罷了。

朋友，不是瞎說吧！七十年來的中國悲喜劇，便是列寧的「半盤西化」和杜威的「半盤西化」在中國鬥爭的結果。一九四九年列寧把杜威打敗了。這項勝利的代價，據中國之友的史諾先生所作的最低估計是人頭六千萬顆啊！其後三十年發生在大陸上各項政治運動，還不是解放前「一國兩制」鬥爭的延續？只是到一九七八年中共「三中全會」

之後，鄧公才把這樁「扭轉了的歷史，再扭轉回來」。胡適之和陳獨秀搞一國兩制，一分爲二，分了七十年。如今在鄧氏指導之下地下相逢，又可以合二爲一，再辨其啓蒙後的《新青年》了。

也是「有中國特色的資本主義」

近十五年來，海峽兩岸社會轉型的速度是驚人的啊！按我們在海外所能讀到的數據，十五年前從零開始，大陸上的私營企業中，個體戶今已增至一千四百萬單位；集體戶亦有六百萬之多。其他如外貿的發展和總生產的累積，人均收入的提高，都是史無前例的。

筆者在資本主義國家教授資本主義歷史，前後凡四十年，如今翻翻陳舊的教科書，對比一下手頭嶄新的數據，我還沒有發現先進的資本主義國家曾經有過像今日大陸上經濟發展的規模和速度呢！我應該告訴我的學生們，這是「有中國特色的社會主義」呢？還是「有中國特色的資本主義」呢？按社會科學的定義，它應該是後者。按政治經濟學發展的遠景來看，則二者都無不可。

但是如此發展下去，中國就不姓「社」了嗎？非也。君不見美國在十九世紀末季的「鍍金時代」(The Gilded Age)搞了一段很短的金權政治之後，一進入本世紀，它的資本主義就開始修正了？二次大戰後，美國已吸收了社會主義國家許多主要的優良制度，而成爲世界上最大的福利國家。美國將來的問題是在社會道德之崩潰，和法律制度之瓶頸。它自動調節的經濟制度，無膏肓之疾也。

所以按照市場經濟的規律發展，大陸經濟如不節外生枝，則問題不大，而且順利發展，必能合二爲一，融社資於一制；拉平沿海與寶島的差距，而引導兩岸的政治合流。台灣今日「金權政治」的發展，原是一百年前美國「鍍金」的模式。等到黃金不能左右選票時，它就會煙消雲散。

因此今日海峽兩岸的前途多半仍決定在大陸。大陸如經濟與政治平衡發展，則一百五十年來的「轉型運動」，很快就會合二爲一，進入「最後階段」。制度出現「定型」，則百年盛世，東風壓倒西風，也是預料中事，不算是什麼奇蹟了。

不過，將來社會的定型，今日在地平線上雖已頗見端倪，但是歷史發展畢竟因素繁多，中途轉向，再兜幾十年的圈子，也不算意外。只是當前兩岸掌舵者能多一分遠見，少一分私心，則最後十里應該不難渡過。只是行百里者半九十，翻車多在家門前，究不應掉以輕心罷了。

「啓蒙後」的顯學

本篇之作的原始動機，是爲吾友歐陽哲生教授的大著《胡適思想研究》，寫篇序文。如今下筆萬言，未提歐陽一字，豈非離題千里哉？筆者之所以如此做者，正是看中吾之小友這篇論文的重要性，所以才不願草率下筆，敷衍了事。

我個人覺得，胡適思想研究，今日在海峽兩岸既已逐漸解禁，按照壓力愈大、彈力愈大的力學通則，它今後必成顯學無疑！杜甫大師說得好：「汝曹身與名俱滅、不廢江河萬古流！」胡適是中國文化史上照耀古今的巨星，豈是暗探特務所能禁絕得了的。

但是「胡適研究」這門顯學，在下世紀的發展，又有個什麼樣的趨勢呢？

記得往年胡公與在下共讀海峽兩岸之反胡文學時（那時在大陸上叫做「反動學術」、台灣叫做「毒素思想」），胡氏未寫過隻字反駁，但是也未放過一字不看。他看後篇篇都有意見。只是當時沒有袖珍錄音機，我沒有把話錄下就是了。大體說來，他對那比較有深度的文章的概括批評，是「只知其一、不知其二」。

胡適是位很全面的通人兼專家。他的專家的火候往往爲各專業的專家所不能及。所以各行專家如只從本行專業的角度來批胡，那往往就是以管窺豹、見其一斑。只知其一、不知其二，就爲通人所笑，認爲不值一駁了。

最糟的還是胡適死後，他的遺囑執行人年老怕事，任人亂挑學術大樑、妄下雌黃，不特使佛面蒙塵，也把個活生生的博士班導師，糟蹋成「春香鬧學」裡的學究，實太可惜。

這些都是文化史上的不幸，今後不會再發生了。可是新興的胡學又將何擇何從？

有一次在他公寓裡，我記得胡氏興致甚好，向我大談民國政治。他表示對「民初國會」之失敗深爲惋惜。因爲那些議員「都是了不起的人才」。他又對國民黨沒聽他話去「一分爲二」，表示遺憾。否則中國當時不就有兩黨制了嗎？

聽後，我嬉皮笑臉的反駁他說：「胡老師呀！您提倡的抽象學理，無一不對；您所作的具體建議，則無一不錯。」

胡公聞言頗爲光火，大罵我「胡說、胡說」。但他還是留我晚餐，餐後還和我這位學生清客聊到半夜。

我當時所說的雖是冒犯座師的一句戲言，但是四十年後反芻之，則覺學生之言，未始沒有三分哲理。蓋「抽象學理」每多出於智慧，可於參禪打坐中求之；而「具體建議」若無長期「實驗」安知療效。這原是「實驗主義」之精義嘛！

至若「多談問題，少談主義」之實驗主義的抽象學理，豈非「黑貓白貓」哉？微黑貓白貓，焉有今日一千四百萬之個體戶？

余訪大陸城鄉，聞工農傳語，今日之「萬元戶」只算「貧農」；小康者以十萬元起碼也。今歲春節，舉國爆竹喧天、鑼鼓動地，恭禧發財，萬衆歡騰，眞是黑貓白貓不出，如蒼生何？但是黑貓宗，實胡學之正宗也。鄧子之徒或有異言曰：吾黨「有中國特色之社會主義」也，與胡適何有？曰：無傷也。「有中國特色的社會主義」還不是「有中國特色的資本主義」？兩者究有什麼區別？申韓法家豈非儒生荀卿之徒？儒法既是一家；國共又何分軒輊。分久必合，此其時矣。

以上所說的實是石破天驚的胡學回潮的大事，然究係有質無名。可是有實有名的胡適研究亦已在大陸每一地區嶄露頭角，而這一新陣容竟以青少年爲主。蓋大陸上老一輩的胡學家已所餘無幾，而五四以後出生的中生代知識分子，則成長於一個「大陸不知胡適，台灣不知魯迅」的沙漠時代。他們雖經惡補，亦難知三昧。蓋胡周二人在此時期都被曲解。去其臉譜，重識眞面目，至不易也。可是出生於胡適死後（一九六二）的這個新生代的中國知青，就不同了。他們有自由意志、安定環境和求知的慾望和訓練。他們如今陣容之大，排山倒海而來的聲勢之猛，眞使老輩瞠目結舌。一個新的中國文藝復興和啓蒙運動，正山雨欲來。一種很快就要向西方倒流的東方新文化，正在起步。此非筆者譁衆取寵；實是在大洋三岸兜了幾十轉的實際心得！試看大陸上的社會科學院一處即有研究人員六千人。生活雖苦，個個都在孜孜不倦，埋頭鑽研。統治者如停止文字獄，對學術自由不加干擾（現在差不多已是如此），讓他們各自成家，那還得了！我輩偷生海隅，老大徒傷悲的陳腐高知，面對此一陣容，眞有滴水被捲入錢塘巨浪之感。——這也是我對我的小友歐陽哲生博士特別看重的道理之一。

吾友歐陽哲生博士

歐陽還是一位年未而立的青年，但是他這本優秀的博士論文已使他超遷而升任至少三十七歲始能擔任的副教授。前年在兩岸胡學論文競賽中，竟然在胡學老巢的台北也壓倒群雄，高掛榜首。我們算是有緣，在海外一次胡適思想研討會上不期而遇。讀其文、執其手、觀其人、聽其言；一表青年儼然又是一位小胡適。

哲生要我替他行將出版的博士論文寫篇序。我雖是個無事忙，也自覺不能不從命。哲生是他們這一代（胡適逝世後才出生的這一代），以自由意志而研究胡適，我所認識的第一人。他這本書也是他們這一代紮紮實實的第一本書。作者今後至少還有六十年的著作時間。十本八本更有分量的專著會接踵而來。在他背後，我也知道更會有幾百幾千和他類似的青年學者，相率出現。在他們推動之下，胡適學將有一番光輝燦爛的新天地。對他這本處女作作錦上添花的推崇或吹毛求疵的批評，都是不必要的。重要是他這第一本書，在這個啓蒙後胡適學中所佔的位置。因而我不想寫一篇無關痛癢的序文。我想趁此機緣來談談我們這一輩對胡適的看法——胡適的出現是有個什麼樣的時代和文化的背景；在這一時代和文化的背景之中，他又起了些什麼作用，把中國文明又推向另一個新時代。

胡適是個很全面的人。各人從各種不同的角度去觀察他，他是「橫看成嶺側成峰」

的。我只是提出我的看法以就教於方家，尤其希望青年的這一代的朋友們能對拙見有所匡正，那就是拋磚引玉了。

＊一九九三年一月二十日脫稿於北美洲

此文原爲歐陽哲生著《自由主義之累——胡適思想的現代闡釋》（上海人民出版社，一九九三）之「代序」

九、胡適的大方向和小框框

任何思想家都不是天上掉下來的，他的出現是有其時間和空間的背景的。胡適當然不能例外。所以我們要研究胡適，首先就是檢討他在「中國」（空間）這個特殊的「歷史」（時間）長河裡的位置；然後才能討論他在這段歷史河流中所發生的作用。

李鴻章的驚嘆，湯恩比的茫然

李鴻章以前曾說過，他所處的那段清末的時代，是中國「二千年來未有之變局也」。爲什麼現代中國之「變局」爲「二千年來所未有」呢？我們試爲李言作注，大致可以這樣說：我國自秦漢而後，二千餘年的歷史之中，我們的政治制度和社會經濟運作的方式，乃至文化的內涵和價值標準的釐定，一脈相承，實在沒有太大的變動。可是這個一成不變的國家組織和社會型態，相沿至滿清末季，忽然大「變」特「變」起來。這一「變局」，震撼了首當其衝的國家決策人李鴻章，所以他才認識到此一「變局」為中國二千年來所未有。至於這一「變局」之發生，究竟是個什麼性質呢？這一點不但我們的李中堂不懂，連那位被學界恭維為史學泰斗的湯恩比大師，也為之茫然。

湯恩比說：中國文明自秦漢以後就「僵化」了，停滯不前了，沒進步了。為什麼停滯不前？湯氏就只知其然，而不知其所以然，甚至胡說一通了。至於李鴻章，他一不通馬克思主義，二不懂現代社會科學，說不出所以然來，就更為傻眼了。

中國歷史上兩大「轉型期」

再追根問一句：清末這個「變局」，究竟是個什麼性質呢？說穿了，這個「變」原是一種社會「轉型」的變動，而這個「轉型」之變，在中國近兩千年來的歷史上，只發生過兩次——一次發生在古代的公元前二、三世紀；另一次便發生在李鴻章和我們所生活的現代了。

發生在我國古代的社會轉型期，實始於東周之末，而終於秦皇漢武之世。一「轉」數百年，才又產生出另一「定型」來。一「定」兩千年，直至清末，才又開始作第二次的「轉型」。李中堂不明此道，才爲之驚嘆不置。

要知道第二次是如何的「轉」法，我們得先看看第一次是怎樣變動的。

那發生在古代的第一個「轉型」，轉變了些什麼呢?長話短說，主要的有下列三項：

一曰廢封建、立郡縣也。「封建制」是初民「部落主義」的濫觴。「郡縣制」則是更高一級的，中央集權的大帝國中的文官制度——清代中葉中央政府對西南少數民族施行「改土歸流」的政策，便是這一轉型的零星的延續。清末大臣且有主張把屬國朝鮮「郡縣化」，事實上也屬於這一類。今日北京的人民政府，對西藏內蒙的政策，也是變相的「廢封建、立郡縣」。

由封建到郡縣的「轉型」原是人類政治管理上的一大進步。

二曰廢井田、開阡陌。井田是土地公有制或國有制。「開阡陌」則是開放國有土地，任民買賣。化土地公有為私有。此一演變早見於東周之初。至秦孝公時，始為商鞅所落實。商君之後，一沿兩千年，至二十世紀五〇年代，始為毛君土改所逆轉。王莽當年亦嘗試行類似的逆轉土改。土改未成卻把自己的腦袋搞掉。

土地公有和土地私有，孰優孰劣？大家去見仁見智吧！

三曰由百家爭鳴，轉變為獨崇一術。秦始皇所獨崇的是法家；漢武帝所獨崇的則是儒家。哲學不同，獨崇則一也。至於處士橫議、百家爭鳴，和罷黜百家、獨崇一術之間的是非優劣，吾不願主觀地評論之。此地只說明這個「轉型」的事實罷了。

我國古代的國家和社會就為這三樁小事而「轉型」。一轉數百年，死人千萬，才轉出個大一統帝國制度，這個中國特有的「定型」來。此一固定的型態一延兩千年未變。到清末才再度轉型。面對此二千年所未有之變局，李鴻章就為之張目結舌了。

第二次「轉型」要轉出些什麼來？

我國古代的第一次「轉型期」，大致延長了三百年，才轉出一個農業大帝國的「定型」來。根據這個定型，我們再作第二次「轉型」，又能轉出個什麼樣的「定型」來呢？將來的「定型」大致也不會超出三項主要原則。這三項應該是：

第一，化君權爲民權也。這一轉變，李鴻章不及見，而我們今日則看得很清楚。因爲這一政治權力的蛻變是層次分明的。從滿清大皇帝、老太后，傳子傳妻的絕對權力，通過袁蔣毛三公掌權的不同形式，直到鄧小平今日的「垂簾聽政」，到李登輝的三權互制。如今已轉了八十年。可憐的「轉型期」中的中國老百姓，雖然被他們「轉」得死去活來，但是君權遞減的現象，還是很明顯的。何時才能「轉」出個民權的定型來，今日雖尚未可期，但是趨勢倒是很值得樂觀的。

第二，化農業經濟爲工商業經濟也。以農業經濟爲主的生產方式是前一期的定型。今後的生產方式，當以工商業爲主流。社會經濟一變，則百事隨之而變。自李鴻章開路礦造洋船之後，我國經濟向工業化變動，已有百年以上的歷史，而成績不著。時至今日，此一社會「轉型」在台灣已立竿見影；而大陸還在摸索之中。中國大陸上的經濟今天基本上還未脫離以農爲主，則其黨政制度便無法擺脫中古的老套。何時始能定型，吾不知也。歷史家只是看戲的，不是演戲的。所以只有等到大軸戲落幕，才能寫戲評。

〔附註〕本篇落筆於一九九一年，預料大陸經濟也會「起飛」，初不知其起飛若是之速也。

（作者補誌於一九九八年一月二十四日）

第三，在文化發展上化控制思想為開放思想也。文化的發展原是與社會經濟制度同步轉變的。社會經濟發展至某種程度，文化亦作等值的變動。吾人翻閱世界史，未見有文化領先而經濟落後者；亦未見有經濟落後而文化超越者。因此經濟起飛，則思想必然開放；思想開放，則經濟亦會隨之起飛。雞之與蛋、蛋之與雞，無法辨其先後也。這便是我們當前文化轉型之內涵與遠景。

在我國二千年歷史之中的「第二個轉型期」內，我們就為這三樁小事，「轉」了一百多年，死人億萬，至今還未轉出個「定型」來——雖然這定型的出現可能就在目前。

處士橫議中的「胡適學」

讀者們批閱拙篇，可能要掩卷一問：足下寫了這一大篇，究竟與「胡適」何關呢？答曰：這本是胡適這位思想家的「時間」與「空間」的背景。他就在這樣的背景裡，看出了問題也想出了答案。可是根據這同一背景，看出了問題、想出了答案的現代中國的思想家並不只胡適一人。遠一點的有魏源、王韜、容閎、洪秀全、洪仁玕、張之洞、李鴻章等等。近一點的有康有爲、梁啓超、孫文、陳獨秀、李大釗……乃至自誇爲「沒有我民族就要滅亡，文化就要遭殃」的梁漱溟；自認爲「偉大導師」的毛澤東和黑貓白貓的實驗主義哲學家鄧小平……小一輩方露頭角的還有魏京生、嚴家其、包遵信、蘇曉康、劉賓雁等等。他們都是聰明人或自作聰明人；他們對「第二次轉型期」內，中國發展之前途與方向，以至將來定型下來的永恆模式，都有各自的看法與主張。嚴家其就肯定的說，那個未來的定型是個「聯邦制」。處士橫議、百家爭鳴，眞是公說公有理，婆說婆有理。莫衷一是。胡適之先生事實上只是這些七嘴八舌的公婆之一而已。但是他卻是本篇所討論的唯一的對象。

「胡適學」如今已再度成爲顯學。以後更要發揚光大。將來「注疏家」的作品，可能要數十百倍於胡適本人的著作。筆者不學，早已不想追隨時賢，重入注疏之林。只是個人曾一度追隨胡師整理其「自傳」。在先生生前，余即已把他光輝的一生，分爲前後兩大段。三十年來拙見未改，既承盛會之中老友不棄，謹再就原論補充之，以就教於通人。

幾句瘋話，暴得大名

胡適活了七十二歲。在他四十以前的前半生中，他是個「暴得大名」的青年（甚至是中國歷史上最年輕的）啓蒙大師。他沒有槍桿、沒有政權，但是年未而立便把當今世界上一個影響人口最多的，最全面、最古老的文明砸得七零八落；砸得天下喝采，砸得全民族的下一代鼓掌稱快。

青年胡適究竟「啓」了些什麼「蒙」呢？讓我們三言兩語帶過：曰「打倒孔家店」也；曰「全盤西化」也；曰「廢除文言、使語文一致」也；甚至「廢除漢字，用羅馬拼音」也……

這些話出諸一位二十七、八歲的青年之口，在中國三千年的歷史之中，任何一個時代裡都是罪足砍頭、甚至誅九族的瘋話！可是在二十世紀的初季，胡適竟靠這些瘋話而「暴得大名」，享譽國際；出了一輩子鋒頭，至死不衰，何也？一言以蔽之，青年胡適是在替他青年期那個時代說話！他是那個時代的文化發言人，所以能一唱百和。可是胡適的青年期究竟是個什麼樣的時代呢？讀者如不憚煩，且讓我們爲這一時代精神的發展，再來搜搜根。

李鴻章的「四個現代化」

前段已言之，我國三千年歷史上，只發生過兩個社會轉型期，而這兩個轉型期的形成，卻有性質上的不同。那發生在古代的「第一個轉型期」是「自發的」、「主動的」——它是我國自己社會經濟發展的結果，與外族無關。

但是發生在我們現代的「第二個轉型期」則是「他發的」、「被動的」。我們原對我們自己的政治制度、社會型態、生活方式十分滿意。我們原不要「轉型」，而我們終於轉型，實在是外族強迫的結果。

外族怎樣強迫我們呢？說來極簡單。在鴉片戰爭（一八三九～一八四二）以後，西方帝國主義不斷地侵略我們，我們不停的打敗仗、割地賠款。要對付外夷，就要以其人之道，還制其人之身。這樣我們就出了第一個夷務專家魏源。他主張「師夷之長技以制夷」。換言之，就是要向洋人學習科技。用目前的語言來說，就是「四個現代化」。

魏源之後，把魏源思想進一步發展的便是張之洞一夥人所倡導的「中學爲體、西學爲用」。再用句目前的語言，那就是「四個現代化」（用），加「一個堅持」——「堅持孔孟之道」（體）。

把這項體用之學發展到最高峰的，還是我的老鄉李鴻章。在甲午之前，李鴻章所搞出的一些「鑞鑞罐罐」（借用鄧小平語），像強大的「北洋海軍」，眞是煞有介事。誰知李氏這些鑞鑞罐罐被日本小鬼幾砲便打得精光。

魏京生、康有爲、孫中山

甲午戰後，搞「四化」的人洩氣了。他們知道光是發展「科技」還是解決不了問題；光是發展科技，科技也搞不上去。中國問題之眞解決，還得靠「第五個現代化」（政治現代化）。因此一時之間，全國的進步分子，都變成了魏京生。而魏京生主義者又分爲文武二派。文派主張緩進，搞英國式的「君主立憲」。他們的領袖便是康有爲。武派主張激進，搞美國革命式的「建立民國」。他們的領袖便是孫中山。辛亥革命一聲砲響，兩派合流，就眞把個民國建立起來了。

可是魏京生的「第五個現代化」，在民國初年還是徹底的失敗了——失敗到「民國不如大清」、「袁世凱不如光緒爺」……軍閥橫行。

我們搞了半個世紀的「四化」（科技現代化），救不了國。再搞二十年的「政治現代化」，還是救不了國，並且愈來愈糟，何以如此呢？全國的上下階層均不得其解，忿激之餘，便激出個胡適和胡適的時代了。七十年過去了，同樣的失敗，在大陸上又激出個「河殤派」來。

「西化」的最後階段：「全盤西化」

胡適（乃至今日的「河殤派」）認爲只有兩位西方老頭「賽先生」（科學）和「德先生」（民主）才能救中國（這兩位老頭的中國名字是陳獨秀取的）。但是中國爲什麼出不了自己的賽先生和德先生呢？那是我們民族文化裡有其內在的死結。我們民族文化害了癌症，已面臨死亡了。「中國不亡、實無天理」（胡適語）。與其天要其死，不如人促其亡。「中國文化」這個病老頭既然非死不可，那就把他病榻上的氧氣管抽掉，讓他早日死去。老頭死了，孔家店打爛了，然後子孫們脫胎換骨——「全盤西化」！

這就是胡適青年期，那個「五四」前後的時代的時代精神；它也是中國近代「轉型期」中，一階段接一階段，循序而來的「西化運動」的最後階段。說「瘋話」的青年胡適，便是這一階段的發言人。他在他本階段所起的「啓蒙」作用，和魏源、張之洞、康有爲及（早期的）孫中山在其各自的階段中所發生的作用並無兩樣。

科技現代化只有一個，政治現代化花樣繁多

「西化」這個東西，在魏源時代叫做「通夷務」；李鴻章時代叫做「辦洋務」。張之洞叫「習西學」；胡適叫「西化」。二次大戰後改名「現代化」。在現在大陸上叫做「向先進國家學習」或「向國際水平看齊」等等，其實都是一樣的貨色，只是時間有先後，學習分量有多寡而已。

魏源的通「夷務」（正如鄧小平的搞「四化」）指的是單純科技。張之洞所倡導的只是「半個西化」。上述魏、康、孫三公所堅持的則是「政治西化」。至於二〇年代進入中國的共產主義，和三〇年代進入中國的法西斯，也都是「西化」，或可名之曰：「偏激的西化」。搞「人權」、搞「民權」原都是西化的一部分。毛澤東否定「人權」這

個概念說，沒有「天賦人權」，只有「人賦人權」，或可叫做「欠通的西化」。

所以搞「西化」（現名「現代化」）也是分門別類、花樣繁多的。當然我們如專搞「科技現代化」或「四個現代化」，那麼「四化」或「現代化」就只有一個。但是我們進化到政治、經濟、社會、倫理各部門來，那麼花色就談不完了。蓋「西化」者始自「西方」也，而「西方」並不是個整體。筆者即嘗爲「西方」學生授「西方文化史」。在其各民族文化傳統之間，別其異同。如希伯來之異於亞利安也；盎格魯・薩克遜之異於日耳曼也；拉丁之異於條頓也……如此，再回看我國近百年來的「西化運動」又何擇何從哉？

孫中山權「變」，胡適不「變」

就以孫中山先生來說吧。孫公在辛亥之前，搞的全是美國模式。二次革命之後乃漸次主張獨裁，最後乾脆「以俄爲師」。粗淺的看來，中山先生是因爲搞革命受了挫折和刺激，爲求速效乃捨棄溫和的美國方式，改採激烈的俄國辦法。但是更深刻的看法，則是中山所採取的辦法，實在是從盎格魯・薩克遜的民族文化傳統，跳到斯拉夫和日耳曼的民族傳統裡去。

須知文藝復興以後四百年來的歐洲和南北美的歷史，原是一部白種民族的春秋戰國史，時歷數百年，民族數十種，大小百餘戰（包括兩次世界大戰），強凌弱、衆暴寡，五霸七雄兼併的結果，最後最大的勝利者不是「虎狼之秦」，而是比較溫和有禮的盎格魯‧薩克遜。邱吉爾擴大之為「英語民族」。

英語民族為什麼能建立一個「日不沒」的帝國主義大帝國，和一個「超發展」的民主合衆國呢？卑之無甚高論，實在是因為他們善於解決自己內部的問題。他們搞「等富貴，均貧賤」，用不著「階級鬥爭」。他們搞「攘外安內」也不需要「西安事變」。他們要把討厭的最高領袖趕出唐寧街或白宮也用不著「三大決戰」和「苦撻打」。愛國青年也毋需打什麼「紅旗」或穿什麼「褐衫」或「藍衣」。他們的政治領袖也大半都是些混沌水、和稀泥的庸才。但是搞搞混沌水、和和稀泥，不但能解決自己內部的問題，還能向外擴張，剋敵致勝，建立空前未有的殖民地大帝國。——他們這套本事，不但我們自高自大的黃帝子孫學不到，連和他們同文同種的拉丁、日耳曼、斯拉夫諸大民族也望塵莫及。

英語民族的國度裡的富強康樂，和燦爛的文化，當初不但降服了胡適，也降服了孫中山。所以五四時代胡適所倡導的「全盤西化」（後又修正爲「充分西化」），更正確的說，應該是「全盤英美化」或「充分英美化」。哲學家約翰・杜威的「實驗主義」原是「英美傳統」經驗的概念化。所以胡適之就做了杜學東傳的一世祖而終身不渝。

「二次革命」（一九一三）前的孫中山原來也是服膺全盤英美化的。可是孫先生是個搞行動的革命家。他要和袁世凱爭政權、搶總統。爲追求政治上立竿見影的效果，「孫文主義」就發生修正從權之變了。——他從一個比較高級耐久而缺少特效的英美傳統，轉變到有特效不能持久的德義俄的偏激傳統裡去。——孫中山栽培了共產黨。

可是在過去四百年的「春秋戰國」裡，英美傳統卻是最後的戰勝者。二次大戰後，德義日三個戰敗國，均以改從「英美化」而復興。君不見在九〇年代的世界裡，東歐各國乃至共產主義的「祖國」蘇聯，不也都英美化了哉！

臭烘烘和香撲撲

胡適思想最大的特點便是它永遠不變。適之老師言必稱美國，也一輩子未改過口。

他四十歲以前是一位最有影響力的青年「啓蒙大師」，他啓蒙的實效便是介紹美國——介紹美國的哲學思想、政治制度和生活方式。

他終身治學是「圍繞著方法二字打轉」。他整理「國故」和「再造文明」的「方法」，也只是美國大學研究院裡寫碩士論文和博士論文的「方法」。

四十以後的胡適是咱們中華民族的「自由男神」。他這個男神和站在美國紐約港口的「自由女神」，雖然性別不同、膚色有異，二者的形象和功能卻完全相同。

可是近百年來的中國卻是搖擺不定，甚至十年一變的。不是東風壓倒西風，就是西風壓倒東風。因而「美國」這個百年不變的抽象名詞，在中國也就時香時臭；因而代表「美國」這個抽象名詞的另一個抽象名詞「胡適」也就香臭隨之。

五四時代的胡適是芬芳撲鼻。三〇年代的胡適則「臭名昭彰」（這是他最得意的共產門生，現在有志做和尚的千家駒先生對老師的評語）。的確，這時他的殖民地都全部獨立了。文學界、思想界爲「左聯」所篡奪；政治界爲蔣廷黻、蔣中正、張學良所遺棄。胡適變成了孤家寡人，「陽春教授」。四〇年代他又時香時臭。五〇年代也就是筆者做他的小道僮的時代，他眞是一灰到底——右邊罵他思想有「毒素」；左邊罵他是「買辦學者」。——永遠笑嘻嘻的白面書生胡適之，卻永不認錯、死而後已。

國民黨容忍「異黨」，共產黨「一分爲二」

胡適死後，「胡適的幽靈」（胡老師生前的自輓辭）時隱時現，其遭遇和生前還是一樣的——一個思想家，昇華到「胡適」的階層，也就無所謂「生死」了。——國民黨爲著「異黨」問題，竟然把胡老師的第一號大信徒雷震逼死了。又誰知現時現報，目前卻被個不講理的異黨逼得走投無路，連老夫人攜點細軟出國，也要被異黨奚落得尷尬無比呢？——早知如此又何必當初呢？

最可笑可嘆的卻是共產黨。「我的學生毛澤東」背叛了老師之後，把老師和老少同學們「脫褲子、割尾巴」割了數十年。誰知毛死之後，屍骨未寒，胡適的幽靈便把他的貴黨一分爲二。胡老師當年要把可教的國民黨一分爲二，我曾當面笑他是「子之迂也」。誰知他剖國未成，如今卻把個不可教的共產黨一劈爲二，劈得如此乾淨利落！

胡適的幽靈，不但把中共一分爲二；它竟然把鄧小平也砍他個「三七分」——鄧公小平今日是「七分胡適，三分列寧」。「三分列寧」爲的是政權也，面子也，飯碗也，愚下也。「七分胡適」者，時勢也，眞理也，現代化也，前途也。

鄧公如此，該黨亦然。

吾人但見許家屯、千家駒、嚴家其、蘇曉康……流落海外，走投無路。但諸公只冰山之一角也。三分僵死派，要融化這七分冰山，我知其駱駝鑽針眼也。——這就是日耳曼、拉丁、斯拉夫諸民族，在政治上鬥不過盎格魯·薩克遜的關鍵所在了——他們不能以和平的方法解決內部的問題。

「黨外有黨，黨內有派」，毛公早言之。而中共黨內乃至中國國內，以胡適、列寧爲界，一分爲二，分得如此乾淨利落，實出我輩台下看戲人意料之外也。

至於他們雙方如何繼續糾纏下去，那就騎驢子看話本，走著瞧吧！好戲多著呢！

大方向和水的方向

列寧之餘威，吾知之矣。但是胡適的幽靈，竟有如此力量，則非始料所及也。

其實自由民主、人權法治，原爲現時代的時代精神而已，何可歸功於一人。只是胡適之是這項外來思想，最有力的啓蒙大師。五四以後，大師小師之間也只有他一人，不計毀譽、不論成敗而堅持到底。時至今日「胡適」與「自由民主」，已一而二、二而一的分不開了。「胡適」這個具體的人名，已足以代替「自由民主」這個「抽象」的概念。所以他才有足與列寧相抗衡的力量，足以左右中國的將來。

胡先生告訴我，中國傳統思想中他最信服的是老子。老子比孔子更「老」。他是孔子的老師。孔子的思想是受老子影響的——我的朋友成中英教授，運用西方邏輯推理治中國思想史，也是如此說的。胡先生說，他的思想成熟期，是在康乃爾大學時代。某天早晨他在校園內的鐵索橋上，俯視綺色佳大峽谷，見到山岩被水沖刷成溪的跡象，而對老子以「至柔剋至剛」的哲理頓有所悟。

事實上胡適的思想也就是山峽中的流水。它迂迴、它漩繞、它停滯、它鑽隙……不論經過何種阻擾，它是永遠地流下去。溪流沖石，千年萬年，岩石總會消蝕成一個大峽谷來。——這便是胡適的大方向；一個潮流的方向；中國前途的方向。

胡先生最喜讀的一首宋詩，大體是：千岩不許一泉奔，攔得溪聲處處喧，等到後頭山腳盡，悠然流水出前村。這實是有自信心的夫子自況；也是胡適思想終能風靡全國的道理。

瘡痍滿目的小框框

當然天下原無十全的聖人。我們尾隨適之老師順流而下，但並不是說適之先生所有的教條都是金科玉律。胡適和孫中山先生一樣，他躋身聖賢的條件，是他的宗師形象和學術思想的大方向。大宗師如談起具體的小問題來，他往往也和其他的學者一樣是瘡痍滿目的。

胡適以二十來歲的青年，一旦自海外歸國，便大講其五千年文明的優劣而要以一廂情願的思想改造之，如禁讀文言、毀滅方塊字等等，未免是膽大妄爲。至於他的什麼「大膽假設，小心求證」的「治學方法」也只是拾乾嘉之餘慧，爲社會科學前期的輔助技術而已，談不到是什麼眞正的「治學方法」。不過這些都是若干無關宏旨的小框框，瑕不掩瑜。筆者對這些小框框所論已多，不想重複。烘雲托月，還希望後來的注疏家去繼續發揮吧！尚懇讀者賢達，不吝教之。

*爲紀念適之先生百齡冥誕而作

一九九一年十月六日脫稿於台北中研院招待所

原載於劉青峰編《胡適與現代中國文化轉型》（香港中文大學，《當代中國文化研究集刊(1)》，一九九三）

十、中國近現代史的拓荒者郭廷以先生

教我做research的啓蒙師

在海內外大中學裡教授文史學科，簡直就教了一輩子。行有餘力則以撰文；以中英兩文著書寫稿，至今也在千萬言以上。不知老之已至，還在不斷塗鴉。引句時髦話，說我自己是個「職業史學工作者」(professional historian)，大致也不算過分。畢竟搞了一輩子嘛！

俗語說：「家有黃金萬兩，不如一技隨身。」我這個「職業」史學工作者，如果噉飯維生，也有「一技隨身」的話，想來想去，這個「一技」，就應該是英語裡的research了。

research這個英文單字，今日幾乎成爲現代學人的口頭禪。小至在學術上情竇初開的大一大二的在學青年；老至白髮盈顚的國學大師，大家忙個不停，都是在「做research」。但是research究竟是什麼涵義，翻譯成漢語，可不太容易。

我個人最初對這一辭彙發現翻譯上的困難，那還是大學一、二年級的事。那時我閱讀「西洋通史」班上的英語教科書，學會了這個辭。但是翻查所有的英漢辭典，都把這個辭譯成「研究」、「探索」……一類的意思。其實「研究」、「探索」等等，均不能涵蓋這個research的英文單字。

「research」是個很具體的治學的法則與程序；而「研究」（正確英譯應爲study）則是空泛的抽象名詞。正如我們日常口語常說的，對某件事物要研究、研究。意思是探索、探索，討論、討論。這就不是research了。

research是近代西方科學興起以後的研究法則和研究程序的總名稱。這種法則和程序，在我國傳統學術裡有一些與它有關的零星名詞，如「考據」、「訓詁」、「由約及博」（演繹）、「由博返約」（歸納）等等，而沒個涵蓋一切的總名稱。

所以「做research」的完整程序，就要包括胡適的「大膽假設、小心求證」，就要包括傅斯年的「上窮碧落下黃泉，動手動腳找材料」。如今時近二十一世紀，胡、傅之說已早嫌不足。在當前的「行爲科學」裡，還有個「概念化」(conceptualization)的程序。然後再找出，大至宇宙發展，小至社會裡的酒色財氣等等運行的「規律」(law or rules)。嚴格的說起來，這一整套的法則和運作的程序，才叫做research。聰明的胡適把這一整套簡化成「科學實驗室的方法」；這也就是他宣傳一輩子的現代化的「治學方法」。雖然以偏概全，也不太離譜。

適之先生說，他學會這套「治學方法」，是他在康乃爾大學讀書時，翻閱《大英百科全書》，無意中翻到的。以後就受用了一輩子。

顧頡剛先生說，他學會這套「治學方法」，是看胡適的《水滸傳考證》，看出來的。

郭廷以先生學會這套「方法」，顯然是在清華大學讀研究院時，受了蔣廷黻和羅家倫兩人的影響。羅是清華校長，蔣是歷史系主任。他兩位對郭老師都是最賞識的。蔣是哥大的博士，與胡適一個山門出來的。羅則是胡的學生，謳歌胡適一輩子。

我自己開始學「做research」，則是在大學二年級，上郭廷以老師中國近代史一課，逐漸摸索出來的。那時我已知道這套治學方法和程序叫做「做research」。但是怎樣翻譯成中文呢？我就苦思不得其解了。

原來在比較文化學上，兩種語言的互譯，一般都是具體翻譯易，而抽象翻譯難。例如我國道德觀念裡的「仁」、「義」二字，尤其是「義」這個辭，在英語裡就無法直譯。《三國演義》上說關雲長「義薄雲天」。這個「義薄雲天」簡直就無法翻譯。因為在西方的道德範疇裡，沒有「義」這個概念。因此英文裡就沒有這個同義字了。要把「義薄雲天」這宗漢語道德概念，譯成英文，你就得嚕嚕囌囌，轉彎抹角，講它一大片了。

research這個西方概念，也沒個漢語同義字，因為我們原先沒這套東西。我學了這套東西，是在郭老師課堂裡摸索出來的。至於怎樣摸索的，那還得從頭說起。

《萬有文庫》沒啥好書

那時是抗戰中期最艱苦的歲月。一九三九年夏季，我在熔全國「流亡學生」於一爐的「國立（第八）中學」畢業。接著參加科舉考試，竟然考進了重慶國立中央大學歷史系。戰時中學畢業生參加「全國統考」，能考入頂尖的中央大學，那眞比滿淸「鄉試」中，考個舉人還要難。

我以一個十九歲來自淪陷區的流亡學生，穿著草鞋短褲，千里步行，翻山涉水，在敵機狂炸聲中，跑到了重慶。頭髮已兩月未剃，初生的小鬍鬚，已在腮上唇邊，四處萌芽。加以經年不知肉味，兩條腿瘦成兩枝泥稀稀的竹竿。那副尊容，今日回思，仍覺可笑。就這樣，我跨入了沙坪壩，那全國青年心目中最崇高尊貴的「國立中央大學」；眞是板兒進了大觀園。

那時全國統考，只考「筆試」，未考「口試」。我考入中大時，首先還要在形式上補考個口試。我乃到歷史系辦公室的門外去排隊候試。當那位助教喚我進去時，我看那上面坐著一位面目森嚴，戴著一副黑框大眼鏡的「教授」。我向這「教授」鞠個躬。他頭也不點一下，只是把手一指，叫我在他公案前的小凳子上坐下。他稍看一下我的文件，兩眼向我一瞪，問道：

「你在中學裡讀過些什麼書？」我一下就被問慌了。想不出在中學裡讀過些什麼「

書」。只是記得戰前我校有一部嶄新的《萬有文庫》。我們師生愛惜它，借閱時，都用手帕包著看，以免汚染。所以我情急智生說：

「讀過《萬有文庫》。」

「《萬有文庫》？」教授說：「《萬有文庫》裡，沒什麼好書！」

「……」我情急智不生，不知如何作答。

「還讀過什麼？」教授又追問一句。

「還讀過《史記菁華錄》。」我恭敬地作答。其實那不是在「中學裡讀的」，是在私塾裡讀的。姑且舉出搪塞一下。教授聞言還是面無表情。

「還有呢？」教授又問一句。

「還讀過《資治通鑑》。」我忽然想起那是在「中學時期」讀的，雖然不是在「中學裡面讀的」。

「哪一段？」教授又問。

「都讀過，只漏掉一本。」我誠實地回答。因爲我家那部《通鑑》丟掉一本。

「好啦。」教授手一揮。那助教就招呼我可以退出了。

我站起來又向教授鞠個躬，然後緩步退出門外。結束了這場緊張的口試。在門外，我悄悄地問一位似乎更長一點的同學：這位教授叫什麼名字。

「他是郭廷以教授！」他老腔老氣的回答我一聲。抹抹我頭角的冷汗。乖乖，今日想來，猶有餘悸。

十多年後，郭廷以老師在我紐約的公寓裡吃稀飯——他那時長途飛行勞頓，時差又作祟。有點發燒，在我家休息。後來精神好轉時我戲說此一故事。

郭老師居然還完全記得我們那一小段對話。並解釋給我新婚的妻子聽，爲什麼《萬有文庫》裡沒有好書。——郭老師的記憶力是天下無雙的。他能說出我同班同學每一個人的名字。

口試完畢我就到柏溪分校去報到入學了。

柏溪是中大一年級新生所在地。郭老師那時是大牌教授，大牌教授是不教一年級的，所以我就選不到他的課了。只記得他有一次專程來柏溪向我們新生講演訓話，面目還是如許森嚴，戴的還是那副黑框大眼鏡。拄了一枝大手杖，坐滑竿而來。十分莊嚴肅穆。至於那次他訓了些什麼話，我已完全記不得了。

大二，我們就遷入沙坪壩了。「中國近代史」是大二必修課。我就正式作了郭老師課堂裡的學生了。

定遠軍艦四砲齊發

那時沙坪中大，師生兩造的陣容都十分整齊。學生個個都是鄉試出身的舉人，不用說了。教授陣容也十分堅強。但是中大畢竟是繼承明朝國子監；民初兩江、東南的國學傳統。講起歷史來，內容既高且深又大，眞是天馬行空。

我記得繆鳳林老師曾把二十五史「圈點」三遍。胸若淵海，口若懸河。動不動就來一套「漢唐明之往史可證」。他老人家還寫了一首長逾千言的白話詩，印發我們誦讀。也是開口閉口漢唐明不斷的。

金毓黻老師授我們「宋遼金史」，也是一揮千里的。我記得他老人家講到王安石變法時，把變法條款，一條條寫在黑板上，然後逐條評論說：這條很好！那條不好。這時我們在大二，已有幾分「胡迷」傾向，對金老師那樣傳統史學中「贊論式」的史評，已大爲存疑。但是在班上師威咫尺，誰也不敢問一聲。

沈剛伯老師那時授我們「西洋通史」。他老人家上堂，只大褂一襲、粉筆一枝，其外別無長物，但講起希臘羅馬來，卻一瀉如注。在沈老師堂上，我們向不記筆記，大家只是跟隨他那口湖北調，前仰後合，歡聲雷動。

在這群天馬行空的教授陣容裡，郭廷以老師倒別具一格。我記得他上堂時，總是抱著大宗講義和參考書，另加拐杖一枝。他面目森嚴地講起課來更是一章一節，有板有眼，一絲不苟的講下去。他老人家手既不舞、腳也不蹈；聲音亦無陰陽頓挫。他有條有理的口述下去，我們記筆記的，也就頭也不抬，眉也不皺，奮筆疾書，他講啥、我記啥。只要你記得快，筆記並不難記，因其章節分明也。日子久了，功夫到家，老師咳個嗽，我們也可照樣記下，不爽絲毫。一學期下來，厚厚的一本筆記，便是一本很詳盡的「中國近代史教科書」。

我特別記得他講甲午戰爭，黃海之役那一段。老師說：「……劉步蟾忽然下令開砲，定遠艦上四砲齊發，把天橋震斷，丁汝昌被摔下橋去，受了重傷……」他講得像背書一樣，聲調既無節奏，內容似乎也平淡無奇，但這樁故事，我們記筆記的人聽來，可說是驚心動魄。尤其是上一課堂才聽的「漢唐明」一鍋煮；下一堂課，則是「四砲齊發」

——二者之間的「史學」距離，未免太大了。

聽中國傳統史學聽慣了，對漢唐明一鍋煮，不覺稀奇；但是在「四砲齊發」之後的結果如何？就有「且聽下回分解」的迫不及待的求知慾了。

郭老師講這節課時，不但唸出他講義上的正文，並在黑板上寫出他的小註和中西文參考書。我們急於要聽下回分解的人，就眞的去翻閱參考書了。——中文參考書閱覽之不足，爲著求知慾，也是爲著時髦，也就眞的去碰碰洋書了——老師不是說過，開砲的原是洋砲手？原始故事，也出自洋書？

洋書中竟有新天地

我個人那時便是郭師班中幾個好奇者之一。尤其是我的祖先曾當過淮軍，到過台灣，到過高麗。對他們當年的故事，我自幼即耳熟能詳，但永遠是一知半解。這一下好了，在郭老師班上愈陷愈深，興趣愈濃，我就眞的跑到松林坡頂的圖書館中，想借閱那些洋書了。誰知這些洋書自南京裝箱運至重慶後，迄未開箱。當那圖書館員拿到我的「借書條」，口中喃喃自語說「尚未開箱、尚未開箱」時，圖書館范（？）館長適自他身邊走過。他便把我的借書條順手遞給范館長。館長見條，未加考慮便說「開箱、開箱」！——這倒使我這個並不認眞的借書者感到過意不去。我並不那麼認眞要讀此書。勞師動衆，私衷何敢？

後來我才知道這原是出於羅家倫校長的條諭。他說在空襲無常的時代，珍貴圖書，能不開箱，便不開箱。但若有師生要借閱，則務必開箱。——這小事也可看出有功中大的羅校長的學術眼光與氣魄。爲我這位大二的小蘿蔔頭，無意中的要求，大學圖書館竟爲我劈鎖開箱，把兩本大洋書讓我借出。——書既已出箱，我就不得不借；既借了，縱使看不懂，心理上也不得不看——眞是大錯已成，追悔莫及。

這是我治中國史徵引西書的破題兒第一遭。書看得似懂非懂，但是郭老師講義上那許多故事，卻都被我找到了。並且還找到一些郭師未引用的故事。眞是別有天地，眼界大開。因而我把我課堂上所記的筆記，也大事補充了一番，並註明出處，眞是得意非凡。

這時我有一位中學歷史老師劉次辰先生，他剛從國立第八中學升入國立社會教育學院作講師。該院新成立，圖書設備全缺。劉老師苦無教科書可用。他知道我在沙坪壩，乃專程訪我取經。他看到我那本中國近代史筆記，竟如獲至寶。他借去之後乃將練習簿拆散，叫他班上學生每人各抄數頁，拼起來，便成爲一本厚厚的中國近代史講義了。此後他隔週必至。我那兩學期的筆記，也就變成他現炒現賣的教科書了。

劉老師抄得得意之餘，曾力勸我將此册筆記出版，他保證有銷路。但是這是郭廷以老師的講義，我何能據爲己有加以出版呢?!不過劉老師對我的鼓勵，倒啓發出我另外一種靈感——我自己爲何不能另起爐灶，自著其書呢?!既有這樣的靈感，我也想找個好題目來「上窮碧落下黃泉，動手動腳找材料」，自著其書了。——這一個構想與籌畫，也就是我個人「學做research」的開始，而這個起步，則是自郭廷以老師的「中國近代史」班上得到啓發的。

從海軍史到郡縣考

說做就做。我眞的選了個海軍史的題目作期終作業，「動手動腳找材料」的寫了起來。

我在試撰中國海軍史時，遇到很多困難，我想只有郭老師可以指導解決。不幸在當年大陸上受高等教育的舊傳統裡，師生的距離太遠，學生對老師是可望而不可及。有「學」而無「問」。我們自己在做些什麼研究，老師全不知道。我們也不敢告訴他們；更不敢問他們。——十餘年後，我個人教讀海外，我看到外國大學裡，師生融融樂樂、不分彼此、打成一片的情形，才瞭解到我們舊傳統裡「程門立雪」那一套師生關係，太可恨了。——那是學術界被官僚作風所污染，不能自拔的結果。我國民主政治搞不起來的重要原因之一，便是這種官僚傳統，演化爲入黨做官，變成黨僚作風在作祟。

就以胡適之先生來說吧！適之先生在美國和我們這些後輩學生眞有說有笑，有問難、有辯論，親如家人。可是我看他後來在南港，卻被他的「祕書」、「副官」、「部下」、「學生」們，「先生」長、「先生」短的捧成個官僚。蔣老總統在「官邸」之內，被內侍稱「先生」而不名。胡適之先生在他的南港「官邸」之內，也被他的祕書、副官稱先生而不名——「院長」本是「特任官」嘛！我看他在南港由副官和祕書們，捧著個小本子，終日低聲下氣的跟在屁股後面寫「起居注」，把「胡院長」捧成個「蔣總統」。這哪是「胡適」呢？這是對適之老師莫大的侮辱！但是適之先生是位最通情達理之人，最能隨俗。他對「捧」他的人，有時也破格愛護，屈予優容——這是「人情」，而胡適則是個最有人情味的人。他最民主、最平凡；但是環境硬要強迫他「做官」，他也可做總統！

後來我在大陸上也參加過若干次學術會議。我看中國社會科學院院長胡繩，和我們一道擠大巴士、吃大鍋飯的平民作風，倒頗像「胡適」，令我這位「歸國華僑」，內心肅然起敬。而回到台灣的胡適，反被副官們捧得不像「胡適」，也眞是天大怪事。

話說回頭，那時我雖然未敢去找郭老師，而郭師對我們倒頗爲關心。一次我和數學友嬉笑於松林大道之上，忽見老師手拄巨杖自坡頂施施而下。我們趕緊收起笑聲，肅立道旁讓路。老師走近了，忽然停下，用手杖指指我，說：「唐德剛你那篇文章寫得不錯，嗯。」他說得我好臉紅，無言苦笑以對。老師走了，我們就嘻嘻哈哈的跑掉了——這要在美國，我們就和老師一齊嘻嘻哈哈了。郭老師本來就很嚴肅；再加上個嚴肅的師生傳統，使我們見到他正如小鬼見閻王一般。他說了一句話就走了。我們立刻開溜，溜著好輕鬆。

郭老師的一句評，當然對我也是個大鼓勵，因爲在課堂上，批評其他名作家是習以爲常的。海軍史的嘗試是我寫長篇的處女作。其時我與那《海軍整建月刊》的主編通信頻頻，都是用老腔老氣的文言文寫的，使他把我誤認爲「中大教授」。我想去函更正，但是我系中一些臭皮匠好友，一致認爲「犯不著」。因此做了一陣假教授，眞是可鄙之極。

附帶說一句。那時中大二、三年級學生爲大後方報刊寫專欄是成筐成簍的，沒啥稀奇。好友龐曾濂（史系三年級）那時竟在重慶《大公報》上寫「星期論文」；鄭士鎔（政治系二年級）我們叫他「鄭狀元」。他以〈三民主義憲政論〉一文，榮膺當時教育部主辦「全國大專學生論文競賽」的首獎。「狀元」是當時陳立夫部長親「點」的。龐、鄭二人那時都享譽全國，文名籍甚；所論也都擲地有聲。——我那點灰溜溜的假教授論文，在沙坪學友中是上不得枱盤的。我和牙祭好友都相約保密。

龐、鄭兩兄今日皆定居紐約。我們幾位白頭宮男，偶爾相聚，戲談沙坪往事，還是歡笑不絕的。

我那部處女作後來寫得半途而廢。主要的原因是「書到用時方恨少」，尤其是洋書。第二則是那位主編希望我「倒寫」；我不習慣。那時美日在太平洋上的海空鏖戰正烈。主編要我以當前大戰爲借鑑，先自「將來」寫起。——事隔五十多年了，想不到他那時對我的指派，今日竟由我的學生和朋友王書君教授，一肩挑起來了。書君近在哥大榮任「訪問學者」，他的兩本有關二次大戰海空戰鉅著，正暢銷兩岸，眞可喜可慰也。

另一個改變我寫作計畫的原因，是research經驗多了，在其他課程的期終作業裡也可盡量發揮。我選賀昌群老師的「南北朝史」和「秦漢史」，秦漢史的期終作業，我就把它通俗化一下發表了。稿費是夠三個臭皮匠，吃一頓「小金剛」（沙坪垻上香味四溢的小餐館）。

大三時，我選修顧頡剛先生的「商周史」，也把期終作業寫成〈中國郡縣起源考〉。曾蒙顧老師用朱筆作長批，說什麼「有眼光、有裁斷」，大大獎勵一番。前年顧師百年冥誕，各界盛大紀念。我忽然也收到一份請柬，便道去蘇州參加。我問顧潮學妹如何找到我的名字。她說她們正替顧師編年譜，查看顧師日記，發現了我的名字，「還有分數呢！」——半個世紀未碰「商周史」了，眞愧對名師。但是這篇短短的期終作業後來在「安徽學院」（今日安大前身）的學報上發表了，史系主任李則綱教授和中文系主任朱清華教授都批覽了。它竟變成我進入安大教書的敲門磚。後來我進哥大，它也幫我在哥大的「中國歷史研究部」找了一份工作，因爲它證明了我可讀中國古書。

最可笑的是，它又把我介紹成「小門生」的身分，去替胡適老師寫自傳。替胡老師寫自傳（寫傳記或年譜是另一回事），不深入古籍，胡老師是不要的。這一點我想羅爾綱先生一定知道。——一篇短短的期終作業，混了這麼多碗飯吃，眞如胡老師所說的：「社會對一個人的報酬，實遠大於一個人對社會的貢獻。」然追根究底，我這項「一技隨身」，實啓蒙於郭廷以老師「中國近代史」那一堂課。

做會了research，興趣也廣泛了，學不主一，東掐掐、西抹抹，結果一事無成，連郭老師所啓蒙的一本簡明中國海軍史，也沒有繳卷，眞愧對數十年來的良師益友。老大徒傷悲，悔恨無已。「我被聰明誤一生」，但願後輩青年學子，毋步老朽後塵。

紐約接機以後

一九四三年我在中大畢業後，曾考取中大歷史研究所作研究生。無奈離家日久，返鄉省親心切。其時家鄉敵軍已退走，川皖之間尚有安全的陸路可通，我就還鄉了。翌年湯恩伯打敗仗，河南陷敵，我又得機進入「安徽學院」作講師，中大便沒再復學。一九四八年赴美留學；四九年大陸政權易手，回憶沙坪師友，就如同隔世了。

誰知在五〇年代中期某月日，我忽然收到一封發自台灣的國際郵箋，字跡好熟悉。一看原來是郭廷以老師寄來的，眞喜出望外。信中他說即將訪問紐約，並寫出班機時刻，盼我能接機，餘事面詳。我接書眞十分興奮。屆時乃開了我那百元老爺車趕往「荒怠機場」（Idlewild Airport，後改名甘廼迪國際機場）接機。那時荒怠機場名副其實，還是一片荒野。四周蘆葦高過人頭。汽車自蘆葦夾道中，緩緩開入機場。但是地雖荒僻而接機者仍是人頭濟濟。我站在鐵欄之外，見百碼之外的機上旅客正循梯而下。接機人群均搖手歡迎。郭老師剛出機門，還在梯上時，我就認出了。——那倒不因爲他是中國旅客的緣故，而是因爲他那熟悉的體形和動作，雖然他已不用手杖；藍布大褂也改成了西裝。我雖然舉手大搖，我想他是不會認識我的。他有學生千百人，相別十餘年，他何能認出我呢？當他走近了，我正預備自報姓名時，老師竟搶先破容一笑說：「德剛，你來啦。」我接過他的手提包，握手相迎（仍然不敢用西式擁抱），師生都高興無比！

那是郭老師第一次訪問美國。人地生疏，一切由我安排。我做他的隨員，他的祕書，他的代表，他的翻譯，和他的司機。到處奔走洽談，日夜不停。

郭廷以教授那時正忙著組織中央研究院近代史研究所「籌備處」。五〇年代的台灣仍有其「文化沙漠」之名；經濟上也一窮二白。郭師美國之行的目的，第一是向福特及其他基金會，申請補助；第二是想與美東諸名大學掛鉤。——那時美國的「名」大學，都還在美東呢！

天下事最難的是伸手向人要錢！次難的是訂立不平等條約。人家榮華富貴，你一窮二白，攀起親來，門不當、戶不對嘛！縱使貴人好見，而貴人之下的與你說相同語言的「二爺」、「馬弁」等人的臉色有時是直如秋霜、如破鞋，令人出而哇之。

郭老師原本是一位寡言鮮笑的嚴肅學者，爲著中國近代史而向一些不值一顧的假學者、爛政客，強作笑容，低聲下氣，我這位老師的道童、隨員、小和尚、汽車伕、樊噲……每爲之怒不可忍，衷心尤爲之惻然。——然郭老師有傳教士精神，爲著「近史所」這個baby，他任勞任怨，篳路藍縷，一鍬一鏟地爲它奠基，眞令人感動，也令人悲傷。——這是他第一次的美東之行。

其後郭老師又數度訪美，一次並偕一青年隨員李念萱兄同來。鍥而不舍，金石可鏤。近史所已逐漸成型。當我於一九六二年接管哥大中文圖書館時，郭師曾看中了我館珍貴的「複本書」(duplicates)。我也簽請哥大備案，送了他七大木箱之多；並爲他承擔運費。郭師如獲至寶，連說：「這樣我們圖書館就有基礎了。」那時書市不大，基本參考書和政府檔案如北京政府公報，都早已絕跡也。

郭廷以老師原是位純學者，寡言鮮笑，應付複雜的政治環境，原非其所長。在他「拜拜」成長期中，他這保母是焦頭爛額的。——筆者那時也被無辜地捲入哥大的校園政治，在數個洋政客互鬥之間，也額爛頭焦，不能自拔。

我們沙坪老師生偶爾聚會，也只能相濡以沫——人生曲曲彎彎水，世事重重疊疊山，我們師生兩造的辛酸過程，可說彼此都終始其事。郭師向我求援和訴苦信件，我相信還可找出不少封來，雖然一大半都給我丟了——何從說起呢?!

郭師後來在紐約逝世時，張朋園教授和我，可能是他僅有的兩個「老學生」去給他送葬了。

他是我做research的啓蒙老師；也是我平生爲老師送葬的唯一的一個人。師生遇合有緣，謹撰此篇略表追思之忱。

*原載於台北《中外雜誌》五十九卷第一期

十一、中國近代目錄學的先驅袁同禮先生

袁同禮（守和）先生是二次大戰後僑居美國的諸多華裔學人中，對筆者有深遠影響的前輩之一。他生於清光緒二十一年（一八九五）乙未。生肖屬羊。這年齡正在我父母之間——先父屬猴（一八九六），先母屬馬（一八九四）。袁公屬羊，正是馬猴之間，所以我一直把他看成父執輩。中國的傳統習俗，也使我對他老人家「執禮甚恭」。

袁氏是位謙謙君子。雖然在任何一面，他都是我的長輩，但他向不以長輩自居；對我們這些晚輩（尤其是同行），他一視同仁，以朋友相處，所以也可說是「忘年之交」。但是從我的立場看他，則永遠是「亦師亦友」的。——在早期的教學和研究工作上，

袁氏手著的許多目錄學著作，都是我長置案頭、隨手翻查的重要參考書，至今未廢。而袁公不懈的研究工作，有時也找上我作研究助理。例如在查對胡適之先生在哥大得博士的年份，袁公最後用「一九一七（一九二七）」，就是根據我的口述報告。

袁同禮先生是中國近代文化史中的一位重要人物，歷史上是排有他一定的席次的。但是在這則短篇裡，我不願多提他傳記上的細節——因爲袁氏已有幾篇頗爲詳盡的小傳，如：吳光淸的《袁守和先生傳略》、李書華的《追憶袁守和先生》，和秦賢次爲劉紹唐主編的《民國人物小傳》第二册所寫的更詳細的〈袁同禮（一八九五～一九六五）〉的傳記。在英文著作裡，則哥倫比亞大學所出版的《民國名人傳》第四册(*Biographical Dictionary of Republican China*. Edited by Howard L. Boorman & Richard C. Howard. New York: Columbia University Press, 1971. Vol. 4)，那就兼顧中西，更爲翔實了。——所以在拙篇裡我只想談談守和先生在「中國近代文化轉型史」中，所發生的作用、他的貢獻，和他在文化轉型中的地位。

先談談「轉型」

在不同的拙著裡，個人一再提出，一部「中國近代史」（當然包括畫蛇添足的什麼「現代史」和「當代史」），便是一部「中國現代化運動史」；也就是一部「中國近代（社會文化）轉型史」。「現代化運動」這一名詞，毋需解釋；也解釋不盡。——「轉型」則是任何一個有高度成就的民族文化，必定有其固有的社會文化的特殊「型態」，如西方的基督教國家、中東的回教國家，和南亞的印度，都是有其特殊型態的。

可是近五百年來西方基督教國家的社會文化的發展，只有其「現代化」的程序，而沒有「轉型」的問題；尤其沒有「轉型」的痛苦。因爲現代化運動在西方是一種發自內部的自然進展(natural course of internal development)，而我們中國和其他亞非拉民族國家的現代化運動，則是發軔於外界（尤其是西方）的挑戰和壓力(Western challenge and pressure)。

因此西方國家的現代化只有其範圍大小，和時間緩急的問題，而沒有社會文化「轉型」(transformation)的問題。

我們和其他亞非拉國家就不然了。我們的現代化運動，發軔於「被迫向西方學習」，也就是「師夷之長技」。既然向「西方學習」，因此我們的「現代化運動」就多了個「西化運動」(Westernization)的階段。「西化」就是由東方式轉成西方式（簡稱「西式」或「洋式」）——從三家村的「土私塾」到大小城市中的「洋學堂」；從「父母之命」到「自由戀愛」……等等的轉變，這就是所謂「轉型」了。——須知「土私塾」這一教育制度，和「父母之命」這一婚姻制度，在中國歷史上至少有兩千年以上的歷史。這種教育和婚姻制度，就是我們固有文化型態的一部分。這種千年不變的「型」態，一下要「轉」成「洋式」或「西式」的「洋學堂」和「（西式的）自由戀愛」，是十分困難的，和十分痛苦的。——就以婚姻「轉型」來說吧！我們「但見新人笑，那聞舊人哭」呢？——這個例子，這種哭聲，縱在今日，仍是觸手可指，海峽兩岸皆然。這只是「社會文化」轉型的困難和痛苦的千萬個例子之一罷了。

各行各業，各有啓蒙之人

以上所舉只是兩個特殊例子。其實近百餘年來，一轉百轉——文物制度、風俗習慣、生活方式、語言文字、文藝思潮、學術研究……，無一不是從千年不變，到大變特變——棄舊從新，捨東就西的。胡適等人當年提倡「全盤西化」，被人罵慘了。其實我們今日回頭看看，從我們本身開始，從頭到腳（上有西式分裝頭，下有大英洋皮鞋），從早到晚（早起刷牙刮鬍，晚上如廁熄燈上床），豈不是早已「全盤西化」了，有什麼稀奇呢！——大陸農村太落後，等到他們也像我們生活在都市的人，全盤西化了，也就不再落後了。

以上所說的，只是我們升斗小民的日常生活。其實國家大政、典章制度、學術文化……，無一不然也。——只是這種典章制度、學術文化中，各行各業都有其先知先覺的帶頭人，這就是我們所謂「開風氣」的大師了。

且舉幾個領導我們轉型的巨人來看看：

- 領導我們作政治轉型的是康有爲、孫文（中山）；
- 領導我們作軍事轉型的是李鴻章、袁世凱、蔣百里、蔣介石（中正）、毛澤東；
- 領導我們搞外交轉型的是李鴻章、顧維鈞、周恩來；

- 領導我們作哲學思想轉型的是胡適、陳獨秀；
- 領導我們作語言文學轉型的是胡適、周樹人（魯迅）；
- 領導我們作教育道德轉型的是蔡元培、張伯苓、胡適；
- 領導我們作建築學轉型的是梁思成、貝聿銘；
- 領導我們作圖書管理學和目錄學轉型的是袁同禮、蔣復璁；
- 領導我們作……（其他轉型的至少還可舉出百人）

換言之，近百餘年來，我國各行各業，皆有其各自的「轉型運動」——通過「西化」的階段，到達「現代化」的結果。「現代化」不是一成不變的。它其後自有其自然前進發展的規律。在這各行各業的轉型運動中也各有其「啓蒙大師」。我個人試擬上列諸人爲例，就是說明：袁同禮在近代中國，是位領導我們搞現代圖書管理學和現代目錄學的帶頭人和啓蒙大師——這便是他在中國近代文化史中的「座位」。

傳統目錄學現代化的領導者

「目錄學」原是我們中國的國寶。在傳統中國能「博極群書」，能「由博返約」才是大學者。只通一經的一通百不通，在漢以後，就不能算是大儒了。所以目錄學實是衆學之源。

搞圖書分類學和圖書管理學，我國也是世界上最早的。漢代的「七略」、隋唐的「四部」（經史子集）分類法，都是獨步全球的。到乾隆修《四庫全書》（與美國革命同時），我們四庫一部，足敵全球其他各國所有圖書之總和。眞是歆歟盛哉。不幸近兩百年來，西方突飛猛進，我們就落伍了。

經史子集的四部分類法，一搞兩千年不變，也實在是太保守了。再者「孔家店」這個托拉斯，一下就把持了「四庫」的四分之一（經部），也太霸道了。等到胡適出現，搞反托拉斯法，把「經、子」拉平之後，因而我國傳統的藏書樓，便天下大亂了——兩千年傳統，毀於一旦，如何是好？

文化轉型是一轉百轉的。孔家的托拉斯既倒，下面的百貨商店通統都得改裝重建。

因此才有新式圖書館之出現，和新的圖書館學會之成立。主其事者都是名震一時的學者文人如梁啓超和蔡元培等人。對他們說來，「老式的」、「傳統的」圖書管理方法和老式的「四部分類法」是不能再沿用了。他們要改用「新式的」、「洋式的」、「西式的」方法。但是梁舉人和蔡進士這種小腳放大的舊式新文人，知道啥洋式、西式呢？——在新的建制裡，他們不能不頂個頭銜，至於實際工作，老進士、老舉人就一團漆黑了。這樣，那新自美國留學歸來，享有圖書管理學位，和實際（在美國國會圖書館）工作經驗的青年學者袁同禮就脫穎而出了。

從北京到台北

關於袁氏詳細學歷經歷，讀者可參閱上引三傳。這兒只想一提那與時代有關鍵性的若干要點。袁氏一九一六年畢業於北京大學外文系，與傅斯年、沈雁冰（茅盾）同班，是新文化運動中的新青年。一九二〇年留學入紐約哥大。一九二二年畢業於哥大本科，再入紐約州大前身之州立圖書館專科學校。一九二三年畢業，並入美國國會圖書館實習，再赴歐洲考察實習一年。一九二四年歸國任廣東嶺南大學圖書館長；一九二五年改任北京大學目錄學教授兼圖書館長。同時近代中國新式（西式）的圖書館學會開始出現；一九二六年（民國十五年）「北京圖書館」正式成立。——中國敬老尊賢的舊傳統，規定了必須由一些有名的高官、耆宿掛名作「首長」，而這些新式建設的籌備、建立和實際管理，卻由一個「內行」的青年袁同禮，一肩挑之。「外行」老人，對他是言聽計從的。因此近代中國才第一次有新式（西式）圖書館之出現。——以上還是軍閥時代。迨國民黨完成北伐，袁氏乃於一九二九年（民國十八年）一月，由副館長升任館長。——這就是今日聞名世界的全球十大圖書館之一的「北京圖書館」的前身，而袁同禮則是它的奠基者和最早的實際負責人。該館其後時歷三朝、名稱數易，然其「現代化」管理之確立實始自袁氏，而慢慢普及全國的。

有人或許要問：袁氏之前北京大學圖書館不是還有個最有名的館長，毛澤東的上司李大釗嗎？答曰：李大釗是搞新聞出身的。他是個革命家、思想家、學者教授。他對《隋書・經籍志》、《四庫總目》、《四庫提要》等傳統目錄學，可能如數家珍（這也不容易啊！），可是對西式目錄學，和現代圖書管理學，他就是一竅不通的老學究了！

現代「圖書管理學」(libiary science)和現代「商業管理學」（business administration)一樣，是一椿學理結合實際，極其深奧的現時代的管理科學。在這一行道裡，所謂「服務工業」(service industry)，它今日已進入「超工業時代」(Post-Industrial Age)。吃這行飯的，縱在袁同禮時代，外行已經不能領導內行了。

在袁同禮時代的中國，有高度現代化訓練的「職業圖書管理人員」(professional librarians)原已不多，而有眼光、有魄力，又能突出單純「技術人員」(technocrat)的境界，更有機緣能進入本行最高行政階層而一展所長的，袁氏之外，實難找第二人了。——在上選諸人中，我特提出蔣復璁先生。余遊台北「國立故宮博物院」，時訪「國立中央圖書館」，亦見前賢苦心孤詣之遺規。台灣今日如少此二館，則今日台灣又成什麼個島呢？——緬懷先賢瑜亮，實有餘慨。

引進「服務觀念」和服務科技

但是話說回頭，袁公對我國的目錄學、圖書管理學，乃至資訊學的具體貢獻，又在何處呢？

答曰：胡適之先生以前不是強調，他推動新文化運動的方法和目的，是引進西方學理，來整理國故，再造文明嗎？適之先生是位啓蒙大師和思想家，他只能講一些抽象理論。至於怎樣化「抽象理論」爲「具體事實」，那就千頭萬緒，要靠各行各業的實行家，來採取實際行動了。上述袁蔣二公就是他們那一行裡的始作俑者的實行家、帶頭人。長話短說，我們也不妨試加歸納如後：

第一是「觀念轉型」。因爲吾國吾民在三千年的專制傳統的浸淫之下，早把國營事業都辦成大小不同的「衙門」。高級領導全是「官」；低級工作人員全是「吏」。連工友雜役，都是些「騎在人民頭上的皀隸」。——此風至今不衰。君不見北京王府井大街上，國營百貨商店中的男女售貨員，他們哪裡是對顧客服務呢？他們只是一群對老百姓頤指氣使的傳統衙門中的小衙役、小「皀隸」而已。這是我們的文化傳統，怪不得他們。一位北京老教授嘆息地告訴我說：「要把我們的bureaucracy（衙門），轉變成西方的service agency（服務機構），大致還需要三二十年。」——老友的估計，我眞完全同意。所以不才也常說，我國近代史上轉型期的「歷史三峽」，可能要延長兩百年（一八四二～二〇四二），我們大致才能安全出峽。袁同禮、蔣復璁的時代，當然仍在峽中，但是他們卻是致力於轉型的帶頭人。所以國立圖書館實是我國近代史上，首先突出的國人自己主持的「國營服務企業」。

〔附註〕其他如郵局、海關、鐵道等都是先由洋人代爲奠基的。美國的國營服務企業如國家公園和公立圖書館等等，其服務之週到是舉世無雙的。相形之下，我們還有一段長路好走呢！

第二是「引進西方學理和制度」。袁氏終身事業始於美國「國會圖書館」（目前世界上最先進最完備的圖書館），也終於美國國會圖書館。而把先進的「國會圖書館編目學」(L. C. System)等精密制度，引進中國的也是他。

第三是「引進並突破西方先進技術」。在近代中國的圖書和檔案管理這門學問中，首先引進照相技術，和根據西方學理，實行中文索引和編目的，恐怕也是從袁氏主持的「國立北平圖書館」開始的。——北伐期間，時任總司令部機要科科長的陳立夫先生，爲掌握堆積如山的機要文電，他也「發明」了一套「分類」和「索引」系統，頗爲總司令蔣公所激賞，而大有功於革命。其實陳氏以礦冶工程師，大材小用，而去發明「分類」、「索引」、「引得」（index的漢語音譯）一類的雕蟲小技者，實是革命期中，軍事與學術完全脫鉤的關係。他那時如引用一兩位有現代訓練的，搞「圖書檔案管理」的專業技術人員，又何需自己去「發明」呢？

當年設在北平的「燕京大學」，對「引得學」也頗爲突出。但是「燕京」畢竟不是中國人自辦的學堂。

「國立北平圖書館」當年所引進的科技，如縮微膠卷(microfilm)等等都是很原始的。它遠不如後來的「縮微膠片」(microfiche)。和今日的「電子計算機」（俗稱「電腦」）相比，是不可以道里計的。——但是現代化總得有個帶頭人。袁同禮先生便是推動這一行道現代化的啓蒙領袖。

歷史三峽中的龍舟競賽

近代中國的「轉型運動」，是一個長逾兩百年的艱苦歷程——它要從「師夷之長技以制夷」的「軍備西化」，通過「經濟西化」、「政治西化」、「學術西化」、「社會風俗西化」（如自由戀愛、體育活動等）、「生活西化」……，到「全盤西化」，到「修正西化」（所謂「有中國特色」等等），到「超西化」，到「獨立現代化」，到「領導全球現代化」（如今日美國）的「文化翻身」——引句酸溜溜的亞聖之言，曰：從「變於夷者也」，回頭到「以夏變夷」，也就是世界文化上的所謂「華化」、「漢化」(Sinicization或Sinification)，一連串「三百年洋東轉洋西」的世界文明大轉型。——在這種銀河倒流、宇宙變色的文化大運轉中，我民族菁英，參預其間，正不知有幾百幾千的風雲人物，和幾萬、幾十萬和幾百萬的「無名英雄」，捲入運作呢！——孫中山、胡適之輩，只是這一波濤洶湧的大潮流中，少數知名而幸運的弄潮兒罷了。——「時勢造英雄」就絕不是「英雄造時勢」所可比於萬一的。「時勢」是客觀形成的「歷史三峽」中的驚濤駭浪；「英雄」則只是一些隨波逐流的，主觀的梢公、舵手和弄潮水手而已。他們順流而下，成名的英雄之外，還有千千萬萬的無名英雄，操著各式各樣的大小船隻，蜂擁爭先。浪捲船翻，驚險莫名。——說句老實話，在通過這個歷史三峽的龍舟競賽中，康有爲、孫中山、袁世凱、胡適之、蔣介石、毛澤東、鄧小平等等，都是些搖旗吶喊，出盡鋒頭的英雄或狗熊。——知道潮流，熟諳水性，在這場接力競賽中，有驚無險的大梢公，都是「英雄」；那些枉顧潮流，不諳水性，而翻了船、滅了頂，便是七分英雄、三分「狗熊」，或七分狗熊、三分英雄了（所謂三七開）。或許乾脆就是狗熊，算不得英雄。

與這些英雄、狗熊，一道蜂擁而下的，千千萬萬的「無名英雄」，各行各業的無名英雄——他們才是這場現代化運動的「主流」。他們言忠信、行篤敬地默默耕耘，把我們這個古老的文明，慢慢地推向現代化。——群衆才是英雄。那些出盡鋒頭，搖旗吶喊的風雲人物，往往只是一些副作用大於正作用的狗熊。沒有他們，我們的日子好過多了。

袁同禮先生雖然在他的本行之內，並非沒沒無聞之輩，但是在中國近代史中，他實質上，也是那千千萬萬的「無名英雄」之一啊！

百年國史回頭看，毛澤東在我國現代化運動中所造成的災害，便是把我國族中，時歷數十年始慢慢培養出來、有科學訓練的專業領袖（像袁同禮這樣的人），誅鋤殆盡。——袁同禮是幸運地逃出了暴君的魔掌而吹簫海外，那些沒有離開大陸的「袁同禮」們，就被老毛一批一批的殺掉了。——一個暴君，強不知以爲知。在孤獨的老年變態心理之下，亂殺賢良，是多麼可怕?!

西文漢學書目的重要性

袁氏離開大陸之後，俗語說：「家有良田萬頃，不如一技隨身。」他又以他的專業訓練，回到他當年從事「實習」的美國「國會圖書館」，當一名最起碼的中文編目員。他所以屈就這個小職位的道理，據他向我說，第一是養家活口；第二是爲了將來的養老金，以保晚年。誰知袁公辛辛苦苦地做了十多年，六十五歲退休之後，未期年他自己就過去了。——雖然養老金所領無多，但是美國退休制是十分優越的。他的遺屬還是會繼續領取一部分的。

袁同禮是位突出的目錄學家。但是在他早年返國服公期間卻無暇著述，可是在被迫流亡美時期，公餘之暇，反而編印了大量不朽之作，有時還惹出些可笑的是非。

在他那多至十餘種的晚年著述中，有數項至今還爲學人日常之參考。晚近之作還無法代替的，或永遠不能代替的，例如：

《國會圖書館藏中國善本書目》（一九五七年出版）

《研究中國的西學書目》(*China in Western Literature: A Continuation of Cordier's* Bibliotheca Sinica. New Haven: Far Eastern Publications, Yale University, 1958.)

《一九〇五至一九六〇年間中國留美學生博士題名錄及博士論文索引》(*A Guide to Doctoral Dissertations by Chinese Students in America, 1905～1960.* Washington, 1961.)

《一九一六至一九六一年間中國留英與留北愛爾蘭博士題名錄及博士論文索引》(*Doctoral Dissertations by Chinese Students in Great Britain and Northern Ireland, 1916－1961.* N.P. 1963.)

《一九〇七至一九六二年間歐洲大陸中國留學生博士題名錄及博士論文索引》(*A Guide to Doctoral Dissertations by Chinese Students in Continental Europe, 1907～1962.* Washington, 1964.)

〔附註〕 ㈠上選五書，除第一本之外，其餘四本均無中文書名。本篇中的漢文書目，爲筆者代譯。㈡《留美博士論文錄》有李志鍾博士的「續編」（一九六七）。最近的論文還應有再續篇。在本書中袁公把在下和薛君度博士對調了。他把我分入「政治門」；薛分入「歷史門」。其實我二人應各自歸還建制。附此更正一下。

筆者更附帶說明一下，西方人研究中國，自元代的馬可波羅，到明末清初的耶穌會士，到晚近的「漢學家」和「中國學家」，如李約瑟，乃至今日還在大放厥辭的杭廷頓教授。他們對中國研究的成果，都是中國學人，以及中國朝野所不應忽視的。尤其是今日當權的政治家、外交家和政論家，如不知這些研究中國的洋專家的著作，那就等於瞎了一隻眼，不可能說出行道話來。——搞政治的人自己搞不了，就得組織個情報室、資料室，找些專才來幫著搞。美國「國會圖書館」（Library of Congress，簡寫LC）所以由國會主持，就因為那主持美國聯邦大政的千把個官僚政客，需要一個聯合資料室的緣故。它是為服務官僚開始的而漸及於學界。

例如某些小政客，一時心血來潮，要找個「西藏問題」來揚揚名、搗搗蛋。他本來連西藏在中國的東北或西南都不知道，可是只要招呼助理把電腦一撳，則LC萬部資料立現眼前。只要摘要而聽之，一夕之間，他便是個不大不小的西藏專家了。若再通過那無孔不入的電子資訊網(Internet)，一個百人專家團，立刻就可排出堂堂之陣，陣陣之旗；隔洋叫囂，北京的江大人就頭大如斗了。——搞「西藏問題」的資訊，則「北京圖書館」和台北「中央圖書館」，來個國共合作，恐怕還搞不過一所LC呢！

今日如起袁公於地下，他固不知電腦爲何物，但是今日中國如也要來個Internet，那就還得從袁氏那個出發點搞起啊！——因此袁氏那本*China in Western Literature*筆者至今仍長置案頭，不可一日廢也。

過五關斬六將的「博士論文」

至於袁氏那幾本博士題名錄，也不妨稍作說明。學士題名是我們中國文明的老花招。唐朝的各科新進士，有所謂「雁塔題名」。明、清兩朝六百年考出了兩萬多名「進士」。他們在「金榜掛名」之後，還有正式刻板印刷的各科「進士題名錄」。——吾友何炳棣教授，就是參透這萬名進士出身的社會背景，而揚名國際的。

但是我國古老的「進士題名錄」(注意：這在世界歷史中，只此一家，別無分店啊！)所著重的只是進士爺的「出身」。至於這些「天子門生」的「進士論文」，就無啥足取了。可是在我們這一科舉考試制度，經耶穌會士傳入西方之後，它就花樣翻新的「現代化」起來了。其後再由歐入美，它就變成誤盡蒼生的今日美國的洋科舉了。

一九〇六年（清光緒三十二年）我們中國的土科舉被迫停止。消息一出，當時數十萬秀才、數百萬童生眞如喪考妣——沒個出身，沒了前程，如何是好？殊不知天無絕人之路，洋科舉竟應運而生。得了個洋科名，其風光且遠甚於土科名呢！

今日名垂史册的名儒碩彥如顧維鈞、胡適、馬寅初……等等，都是早期洋科甲出身的佼佼者。沒個洋進士頭銜，顧維鈞就見不到袁世凱，胡適搞不了新文化，馬寅初也當不了北大校長。——但是在學術上說，這些洋進士題名的重點，就不在出身，而在博士論文了。

讀者知否，今日世界上千萬個博士爺，少說點，大致有百分之九十吧（當然也包括小可自己在內），都是一書博士。一輩子只寫一本差強人意的書，以後就靠它老人家賞飯吃——吃它一輩子。這本書十九就是他的「博士論文」。何以如此呢？諸位，這就是「人性」嘛！人都是有奴性的，不鞭打，便不做工。或做而偷懶。《三字經》上說：「教不嚴，師之惰。」唱戲的梅蘭芳、馬連良，也都知道「嚴師出高徒」。屁股不打爛，是唱不出好戲的。憑天才，哼兩句，那就是票友了。票友唱戲，照理是出錢請人去聽的。——博士爺原都是科班出身的。一旦得了博士，沒人打屁股，就變成票友了。此「一書博士」之所以然也。人生苦短！一瞥眼，就靠一本書，吃一輩子。悲夫！

但是話說回頭。讀者可千萬別瞧不起博士爺的「一書」，尤其是舉世馳名的名大學的博士爺的一書。因爲那一書，往往是他嘔心瀝血、皮開肉綻的心血結晶。也往往是他鑽營十年的小牛角尖中最堪一讀的專著。——大題目如胡適的《先秦名學史》（增補爲《中國古代哲學史》），足開一代文運。小題目如顧維鈞的《外僑在華的法律地位》，也是該專題的唯一著作。再如周策縱的《五四運動及其對中國社會政治發展之影響》。今日學人不談五四則罷；若談五四，則必自周郎開始。

以上只是文科。再看理工科，那就更爲實際了。每篇博士論文，都是解決一個科學上的現實問題。如錢學森的《壓縮流體運動與噴射推進諸問題》，便是今日搞流體力學和太空工程起步的專論。其外如蔣彥士（一九四二・明尼蘇達）和李登輝（一九六八・康乃爾）在農業研究上的專論，都是啓台灣農業現代化之先河，光輝燦爛，功不可沒的（這兒所談是純學術性的，與二公的政治行爲無涉也）。

筆者個人治學的經驗和習慣便是：凡涉及某項專題，我第一要找的參考書，便是與各該項有關的名大學的博士論文。因爲這些論文，都是一些博士級專才，嘔心瀝血，過五關斬六將的力作，非同凡響，不是一般瞎扯淡之文。專家可信得過也。——憶七〇年代之初，余首返大陸探母，見祖國農業改革之徹底失敗，而想一探台灣土改與農改之奧祕，曾得機訪問蔣彥士君一談（余知其爲明尼蘇達四二級之農學博士也）。承蔣公不棄，贈我整箱「農復會」出版品，至今珍藏之。其後偶爾謬論農村問題，手邊參考資料，信其可用也。

農業如此，其他各科，無不皆然。——個人甘苦推廣及於學生，因凡有碩士、博士研究生問道及余者（尤其是亞裔學生），我總要該生先看看與他（她）專題有關的「博士論文」。——人家如已做過，你要重作之，那就要青出於藍了。不能勝於藍，爲避免有抄襲之嫌，那就要換個題目了。這第一步的審查工作，得其竅者，半小時之功力耳。案頭有袁同禮、李志鍾之參考書，一索可得也。進讀全文，則北美主要圖書館，和台北「中央圖書館」（漢學研究中心），均有全套庋藏也。

余即知有研究生窮數年之功，做出些血汗結晶，始發現此專題早有人做過。他不能後來居上，就被誤爲抄襲了。——這些都是「教不嚴、師之惰」的結果。余亦知有些在大陸上的科學實驗，頗足矜誇。殊不料所得結果，美國早在戰後即已「解密」(de-classified)矣。

筆者舉這些小例子，無非想說明，袁某在中國帶頭搞資訊現代化的重要性及其歷史意義罷了。

孫中山、毛澤東的「登月計畫」

其實更值得吾人注意的，還是這種看來初無深文大義（也是毛澤東所絕對瞧不起）的東西，往往影響千萬國民的生命財產。

六〇年代美國爲在太空工程上超趕蘇聯，要搞個嫦娥奔月的計畫。爲解決太空人登月的一切難題，「太空總署」（NASA）與各大學和工商業研究機構，先後訂了八千多個「副合同」(subcontract)。每個小合同解決一項難題。八千難題有一個不解決，太空人就上不了月球；而每一個難題之解決，事實上都是一篇或大或小的「博士論文」。等到八千本博士論文全都通過；八千項難題通統解決，美國太空人阿姆斯壯，才能以

「小小的一步」踏上月球！

自然科學如此；社會科學就不然哉?!

事實上孫中山的「三民主義」和毛澤東的「民主專政論」之中，都各有不同的「登月計畫」。

孫中山的「登月計畫」叫做「漲價歸公」。

毛澤東的「登月計畫」叫做「吃大鍋飯」。

孫中山先生當年周遊世界，眼看倫敦、紐約等地炒地皮的奸商，日進萬金，吃喝嫖賭。他老人家火了，因而「發明」了一套「民生主義」。信誓旦旦，一朝革命成功，他一定要搞個「漲價歸公」，封殺所有奸商。孫公眞勇已哉！果然他的革命成功了。蔣家父子誓死實行「國父遺教」，搞了六十二年，也未搞出個「漲價歸公」來。最近李登輝總統再接再厲，又宣佈他堅決信仰「三民主義」——但是就是不搞「漲價歸公」。

朋友，豈蔣家父子、李氏伉儷，對主義信仰，口是心非哉？非也！原來國父的「漲價歸公」，也是一樁「登月計畫」也。它需寫八千本博士論文；解決八千項難題，始有登月之望。他老人家一本博士論文也未發表，只來個「想當然耳」，如何能搞嫦娥奔月呢?!

毛主席更糟。他要全國老百姓，都來吃大鍋飯。大鍋飯煮了就吃。其易也，直如「抬頭望月」。但是其難也，則如「漲價歸公」。不寫八千本博士論文，解決八千項難題，而硬要爲人民服務，強迫人民食之，就要餓死兩千五百萬人了。

讀遍英雄豪傑的傳記，回頭再看看像袁同禮那樣的無名英雄們是多麼可愛啊！他們死得多麼可惜啊！（一九九五年十一月十七日於北美洲）

＊一九九五年十一月十七日脫稿於北美洲
原載於台北《傳記文學》第六十七卷第六期

國家圖書館出版品預行編目資料

晚清七十年 / 唐德剛著. -- 初版. -- 台北市
：遠流，1998〔民 87〕
冊；　　公分. -- （唐德剛作品集；1-5）
ISBN 957-32-3510-2（一套：平裝）.-- ISBN
957-32-3511-0（第壹冊：平裝）.-- ISBN 957-
32-3512-9（第貳冊：平裝）.-- ISBN 957-32-
3513-7（第參冊：平裝）.-- ISBN 957-32-3514
-5（第肆冊：平裝）.-- ISBN 957-32-3515-3（
第伍冊：平裝）

1. 中國 - 歷史 - 晚清（1840-1911）

627.6　　　　　　　　　　　87005962

陳舜臣作品集 1

【推理小說】

枯草之根

陳舜臣⊙著

姚巧梅⊙譯

南洋豪商席有仁遠赴日本神戶，要與他始終無緣相晤的恩人李源良會面，不料在他身邊卻接連發生兩樁命案。先是獨居老人徐銘義被絞殺，後是政客吉田庄造的姪子田村良作中毒身亡，其間疑雲重重，撲朔迷離。

一段雋永甘醇的友情，歷經歲月的醞釀，竟成苦澀的酒汁。「桃源亭」老闆陶展文該如何幫忙解決這個難題呢？……

陳舜臣作品集 2

【推理小說】

三色之家

陳舜臣⊙著

蕭志強⊙譯

日本神戶的海岸村裡，一幢紅、白、藍絕妙配色的屋子，店名是同順泰公司，附近的人每每叫它「三色之家」。

同順泰的少東喬世修迭遭父親猝逝、廚師杜自忠慘死在曬物場、大哥喬世治和妹妹阿純失蹤等事故，不得不向即將束裝回國的好友陶展文求援。在陶展文抽絲剝繭下，眞相終於大白，海岸村又恢復昔日的平靜。……

陳舜臣作品集 3

【推理小說】

虹之舞台

陳舜臣⊙著

蕭志強⊙譯

旅居日本神戶的富商馬尼拉爾・拉埃陳屍於登山道上，一場預定舉行的咖哩盛宴由此取消。究竟他是因爲侵佔印度革命英雄強德拉・博斯的寶石，惹禍上身？還是與事業夥伴有財務糾紛而命喪黃泉？抑或是外遇問題招致家庭危機？

在「桃源亭」老闆陶展文和小島記者的循線追查下，好不容易發掘出相關人物出身於低層社會的悲慘心聲。……

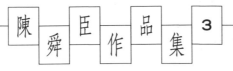

陳舜臣作品集 4

【推理小說】

再見玉嶺

陳舜臣⊙著

姚巧梅⊙譯

玉嶺第三峰上塗著朱唇的大佛像，是古今兩段三角戀情的標誌。梁武帝時，當朝宰相之門生包選和玄學大師之徒石能，爲朱家佳人少鳳雕刻石佛而命喪崖下；中日戰爭時，少女李映翔又擄獲日本青年入江與游擊隊隊長臥龍的心，只要誰殺了大漢奸謝世育，便能得到她託付終生。

漫天烽火裡，大時代兒女面臨個人與國家利益的衝突，該做何抉擇呢？……

陳舜臣作品集 5

【推理小說】

孔雀之道

陳舜臣◎著

張玲玲◎譯

一個像火球一樣的女人，燃燒自己，溫暖戀人的心，卻在一場無名火災後芳魂不散。一個深愛妻子的男人，背叛祖國，心性大變，轉而成爲心狠手辣、冷酷無情的魔鬼。

混血兒羅絲·基爾摩由英國返回日本任教，卻碰上一樁命案，意外地發現雙親之間有一段糾葛不清的恩怨情仇。父與母，西方文化與東方文化，她將何去何從？……

陳舜臣作品集 6

【推理小說】

托月之海

陳舜臣◎著

張玲玲◎譯

須方範子和濱名小夜子都是身世堪憐的女人。兩個可憐人的戰爭，益發顯得慘烈。那是不願失去到手的東西的冒死防守，以及一心想獲得沒有的東西的凌厲攻擊。

一只名爲「蒼海之壺」的陶壺引燃了戰火，一個專事勒索的惡棍小西耕造是她們共同的敵人，而一張合成照片成爲雙方奮力拚搏的戰場。夾處在兩個自己深愛的女人之間，黑川常彥該如何是好？……

陳舜臣作品集 7

【推理小說】

失去的背景

陳舜臣⊙著

張玲玲⊙譯

東方文明研究所成員程紀銘前往日本，要追查祖父程沛儀將軍被暗殺的眞相，不意周遭連續發生了美術專家廖龍昇溺斃、張氏兄弟公司總經理小杉順治飲彈身亡等事故，他自己也莫名捲入一樁命案，而死者竟是當年謀害祖父的兇嫌西野錠助。

經過逃亡後的仔細調察，程紀銘恍然大悟，這一連串事件都與一位城府甚深的不良少女有關，而他的人生觀也因此有了另一番轉變。……

陳舜臣作品集 8

【推理小說】

柊之館

陳舜臣⊙著

汪　平⊙譯

渾身充滿一種精神的躍動，似乎要喊出「活著眞好！」——這是人生之中難得的經歷。

神戶北野町尖嘴屋中，老女傭杉浦富子娓娓道出她生命裡幾則動人的故事：暗耍陰險的青年拉爾夫、與顚茄花一起長眠於荒野的庸醫蓓麗柯、少女時代捲入「崎」公寓命案的久米阿婆、在飯店內訛詐客人的威斯德先生、欺騙愛情的混血兒間諜彼得、歷盡艱辛爲夫報仇的女傭珠芳，令人回味無窮。……

陳舜臣作品集 9

【推理小說】

青玉獅子香爐

陳舜臣⊙著

姚巧梅⊙譯

一九二三年紫禁城一場大火，點燃了青玉獅子香爐的生命，娴娴縈繞著李同源一生一世的執著。

在詭譎多變的時局裡，獅子香爐成爲李同源生命與靈魂的寄託與依歸。當烽火連天，神州變色，故宮珍寶輾轉南遷，青玉獅子香爐行蹤成謎時，心靈深處已幻化爲青玉獅子香爐的李同源頓失了一切精神的依靠。

尋找獅子香爐，尋找遠颺的靈魂，李同源，能否再一次與青玉獅子香爐重逢!?

陳舜臣作品集 10

【歷史隨筆】

秦始皇

陳舜臣⊙著

張玲玲⊙譯

群雄並起的世代，秦始皇憑藉著個人深具「魔性」的獨裁性格，與前代累積的實力，以「非常之人，超世之傑」的姿態，完成統一天下的曠世鉅業。

短短十五年的秦朝國祚，讓始皇承受著二千多年褒貶互摻的評價。陳舜臣以其個人獨到的見解，重新解讀「秦始皇」。在本書，你可以發現始皇身為人類的弱點，也可以在這個深信自己是絕對者的帝王身上，找出類似尋常百姓的身影。且讓始皇以新的面貌重新站在歷史的舞台之上。

陳舜臣作品集 11

【歷史隨筆】

中國傑物傳

陳舜臣⊙著

謝文文⊙譯

「滾滾長江東逝水、浪花淘盡英雄。」無論是推動時代或是被時代推動，古往今來，形形色色的人在歷史舞台上穿梭過場。

范蠡、子貢、呂不韋、張良、漢宣帝、曹操、苻堅、張說、馮道、王安石、耶律楚材、劉基、鄭和、順治皇帝、左宗棠、黃興，都度過了不平凡的一生，可說是亂世裡的宿命性人物。試想：他們如果生在太平盛世，會不會有另一番境遇呢？

透過這十六則傳奇故事，《中國傑物傳》將提供給您不一樣的思考空間……